Die Metaphorik des Immateriellen bei George Berkeley

Michael Hartmann

Die Metaphorik des Immateriellen bei George Berkeley

BRILL | mentis

Gedruckt mit Unterstützung des Förderungsfonds Wissenschaft der VG WORT

Einbandabbildung: Untitled © Lisa Kottkamp

Bibliografische Information der Deutschen Nationalbibliothek

Die Deutsche Nationalbibliothek verzeichnet diese Publikation in der Deutschen Nationalbibliografie; detaillierte bibliografische Daten sind im Internet über http://dnb.d-nb.de abrufbar.

Alle Rechte vorbehalten. Dieses Werk sowie einzelne Teile desselben sind urheberrechtlich geschützt. Jede Verwertung in anderen als den gesetzlich zugelassenen Fällen ist ohne vorherige schriftliche Zustimmung des Verlags nicht zulässig.

© 2020 mentis Verlag, ein Imprint der Brill-Gruppe
(Koninklijke Brill NV, Leiden, Niederlande; Brill USA Inc., Boston MA, USA; Brill Asia Pte Ltd, Singapore; Brill Deutschland GmbH, Paderborn, Deutschland)

Internet: www.mentis.de

Einbandgestaltung: Lisa Kottkamp
Herstellung: Brill Deutschland GmbH, Paderborn

ISBN 978-3-95743-199-8 (paperback)
ISBN 978-3-95743-713-6 (e-book)

Meinen Eltern

Inhaltsverzeichnis

Danksagung IX

Einleitung XI
1. Vom Anfang und Ende XI
2. Die subsidiäre Methode des Metaphorologen XIV
3. Die Transformation der Lichtmetaphorik der Aufklärung XVII
4. Die Überwindung des Modells der Camera obscura XVIII
5. Der immersive Stil des immaterialistischen Weltverhaltens ... XIX

TEIL I
Der Immaterialismus und das Modell eines lumen rationale

1 **Die Lichtmetaphorik in der Aufklärung** 3
   1.1 Die Voraussetzung: Das platonische Licht-Modell 4
   1.2 Die Transformation des platonischen Licht-Modells in der Aufklärung 8

2 **Die Kritik an der Lichtmetaphorik der Aufklärung** 19
   2.1 Das Phänomen des Bewusstseins widersetzt sich diskursiver Methodik 24
   2.2 Die Licht- und Sehmetaphorik besitzt eine selbstreflexive Funktion 30
   2.3 Bewusstheit ist eine besondere Form von Bewusstsein 38

TEIL II
Der Immaterialismus und das Modell der Camera obscura

1 **Die Metaphorik der Camera obscura** 47
   1.1 Das Problemfeld: Eine kurze Rezeptionsgeschichte des Immaterialismus 47
   1.2 Die Voraussetzung: Die ontologische Differenz von Geist und Materie 49
   1.3 Die Implikationen des Camera obscura-Modells 58

2 **Die Kritik am Modell der Camera obscura** 69
   2.1 Die Idee ist kein »Privateigentum« 71
   2.2 Die Idee ist eine Metapher für die Dinge 73
   2.3 Das wahrnehmende Subjekt ist kein Beobachter 78
   2.4 Das Ich ist keine Substanz 82
   2.5 Es gibt keinen ›inneren Schauplatz‹ für ein ›ent-individualisiertes Auge‹ 92
   2.6 Wahr ist, was sich wahr-nehmen lässt 104
   2.7 Ein Philosoph hat auf Erklärungen zu verzichten 115

Literaturverzeichnis 129

Danksagung

Dieses Buch wäre ohne die äußerst wertvollen Hinweise, Anmerkungen und Änderungsvorschläge von Lambert Wiesing, Jens Bonnemann, Andreas Schmidt, Jörg Müller Hipper, Thomas Zingelmann, Paul Helfritzsch, Sophie Witsch, Thomas Jahn, Andrea Seyfarth und Claudia Schroth nicht in der vorliegenden Fassung erschienen. Bei allen möchte ich mich herzlichst bedanken.

Einleitung

1.   Vom Anfang und Ende

Der Immaterialismus George Berkeleys stößt in seiner populären Rezeption zumeist auf Ablehnung. Angefangen etwa bei Denis Diderot über Samuel Johnson und Immanuel Kant bis hin zu Ernst Bloch und in die Gegenwart hinein zu Hartmut Böhme lautet der Tenor, dass Berkeley eine rätselhafte, kuriose oder auch gänzlich absurde Position vertrete. Unabhängig davon, ob man diese Einschätzung für richtig oder falsch hält, ist bemerkenswert, dass in den meisten Auslegungsversuchen des Immaterialismus dieselben hermeneutischen Voraussetzungen geteilt werden, welche zwar bei der Lektüre von philosophischen Texten im Allgemeinen angemessen und sinnvoll sind, aber bei der Darstellung des Immaterialismus scheitern: Die Aussagen und Argumentationen von Berkeley werden ausschließlich wörtlich gelesen; seine Texte sind exakt beim Wort genommen.

    Die These der Arbeit steht vor diesem Rezeptionshintergrund. Sie lautet: Mit einer wörtlichen Lesart ist eine hermeneutische Grundentscheidung gefällt, die ein adäquates Verständnis der Philosophie Berkeleys nicht erlaubt. Denn: In seinem gesamten Werk weist Berkeley unermüdlich darauf hin, dass seine Rede eine uneigentliche – metaphorische – sei. Diese Hinweise werden hier ernst genommen, um auf deren Basis den Immaterialismus dezidiert metapherntheoretisch zu interpretieren. Durch diesen metapherntheoretischen Ansatz und einer damit verbundenen metatheoretischen Perspektive werden sich die hiesigen Kapitel weder auf die Frage nach dem Kuriositätencharakter des Immaterialismus einlassen noch auf eine systematische Verteidigung der Meinung Berkeleys in der Tradition des englischen Empirismus. Stattdessen wird eine Lesart vorgeschlagen, die auf einer anderen hermeneutischen Entscheidung fußt: Es geht um den Nachweis der These, dass eine Philosophie des Immateriellen unumgänglich auf Metaphorik angewiesen ist, weil sich das Nichtphysische nur in Begriffen des Materiellen und Physischen konzeptualisieren lässt. Diese Arbeit wendet sich also der Aufgabe zu, aufzuzeigen, dass die – im Immaterialismus im Allgemeinen und bei Berkeley besonders exemplarisch – verwendete Metaphorik zum einen unvermeidlich und zum anderen auch unübersetzbar ist.

    Mit diesen beiden Eigenschaften erfüllt die Metaphorik des Immaterialismus genau die Kriterien für absolute Metaphorik im Sinne Hans Blumenbergs. Die Metaphorologie Blumenbergs ist deshalb die zentrale Referenzposition, um mittels dieser die »Substrukturen«[1] in der Konstruktion des Berkeleyschen Immaterialismus freizulegen. Zentral ist dabei der von Blumenberg entwickelte Gedanke, dass sich in philosophischen Überlegungen die Präsenz von absoluten Metaphern nachweisen lässt. Gemeint sind damit Metaphern, die nicht eine ornamentale oder redeschmückende Funktion besitzen, sondern eine modellbildende oder heuristische.

Die besondere Funktion der Metaphorik im Immaterialismus und die damit einhergehende Metaphorizität des Gesamtwerks von Berkeley ist bisher weitestgehend unerforscht. Man kann sagen: Diese Arbeit schlägt innerhalb der Berkeley-Forschung einen Weg ein, der bisher in Aufsätzen – wie etwa denen von Collin Turbayne[2] oder Jeffrie Murphy[3] – nur skizzenhaft angedeutet wurde. Durch das Interesse für die Metaphorik des Immaterialismus verändert sich der Blickwinkel auf das Gesamtwerk Berkeleys. Ist in der Forschung nahezu ausschließlich das Frühwerk von Interesse[4], so soll hier auch das Spätwerk ausführlich berücksichtigt werden. Nur selten wird das letzte große Werk Berkeleys, die *Siris*, als ein philosophisches Werk ernst genommen. In der Wissenschaft dominiert eine eher ablehnende Haltung gegenüber dieser Schrift.[5] Die *Siris* wird zumeist der Esoterik zugeschrieben. Doch vor dem Hintergrund der Frage nach der Metaphorizität des Immaterialismus soll herausgestellt werden, dass eine Kontinuität in der Auffassung von Berkeley besteht. Diese lässt sich wie folgt zusammenfassen: Im Gesamtwerk wird unter Zuhilfenahme von Metaphorik zuvorderst eine Einstellung oder ein Weltverhalten zur *Anzeige* gebracht. Das wiederum impliziert, dass Berkeley in seinen Schriften nicht im Sprachmodus des *Aussagens*, sondern des *Zeigens* spricht.

Unter Zuhilfenahme der Überlegungen Gottfried Gabriels kann dieser Modus als typisch für das Phänomen der »Unsagbarkeit«[6] gelten, das in der Philosophie vor allem dann zutage tritt, wenn etwas geleistet werden soll, »was logisch präzise nicht gesagt werden kann«[7]. Und das trifft laut Gabriel vor allem für nicht-propositionale Erkenntnisse zu, die »der Wahrheit im Sinne

---

1 Hans Blumenberg, *Paradigmen zu einer Metaphorologie*, S. 16.
2 Colin Turbayne, *Berkeley's Two Concepts of Mind*.
3 Jeffrie G. Murphy, *Berkeley and The Metaphor of Mental Substance*.
4 Katia Saporiti, *Die Wirklichkeit der Dinge*, S. 35 ff.; Costica Bradatan, *The Other Bishop Berkeley*, S. 2 ff.
5 Costica Bradatan, *The Other Bishop Berkeley*, S. 193.
6 Gottfried Gabriel, *Literarische Form und nicht-propositionale Erkenntnis in der Philosophie*, in: *Literarische Formen der Philosophie*, S. 10.
7 Gottfried Gabriel, *Kategoriale Unterscheidungen und absolute Metaphern*, in: *Metaphorologie*, S. 79.

der Aussagenwahrheit entgegentreten«⁸. Aus dem folgenden Grund: In dieser Art von Erkenntnis wird eine Einsicht zu ›vermitteln‹ versucht, die nicht durch die Anerkennung einer Aussage als wahr erworben wird, weil sie eine ›Sichtweise‹ intendiert: Ihre Bestimmtheit ist eine der Form weniger des Inhalts.⁹

Die zwei Hauptteile dieser Arbeit versuchen aufzuweisen, dass eine solche – nicht-propositionale – Form von Erkenntnis auch im Zentrum des Immaterialismus steht. Der hiesigen These nach versucht Berkeley unter der Zuhilfenahme von Metaphorik zu einer Einsicht hinzuführen, die sich mit Argumenten nicht erzwingen lässt. Dass nämlich auch er von jener »Ausdrucksnot« geplagt wird, die für das Phänomen der »Unsagbarkeit« kennzeichnend ist, kann aus allerhand Passagen seines Gesamtwerkes entnommen werden. So etwa auch dieser: »Noch einmal wünsche ich, mein Leser sei auf der Hut vor der Täuschung durch Wörter. Er soll sich in acht nehmen, daß ich ihn nicht mit plausiblem, leerem Gerede beschwindele, jener üblichen, gefährlichen Art, die Menschen in Absurditäten zu verführen. Er soll meine Wörter nur als Gelegenheiten betrachten. Ich wünsche und warne ihn, daß er weder in meinem Buch noch woanders als in seinem eigenen Geist (*mind*) Wahrheit zu finden hoffe. Was auch immer ich selbst sehe, ich kann es unmöglich in Worten ausmalen.«¹⁰

Aus derartigen Textstellen wird in dieser Arbeit die Schlussfolgerung gezogen, dass Berkeley in seinen Schriften nicht *aus-zu-sagen*, sondern *an-zu-zeigen* versucht. Insofern man ein Interesse dafür hegt, Berkeleys Selbstverständnis gerecht zu werden, dann sollte berücksichtigt werden, dass das Ziel des Immaterialismus darin besteht, in *anzeigender* Form zu einer Einsicht oder Einstellung ›hinzuführen‹. Allerdings wird dieses Ziel nicht nur in den populären Auslegungsversuchen des Immaterialismus verkannt, sondern auch innerhalb der Berkeley-Forschung: Zumeist wird der Immaterialismus nicht wie eine *zeigende*, sondern wie eine auf Thesen und deren Beweisführung angelegte – *sagende* – Argumentation gelesen. Dass aber eine solche Leseweise geradewegs die entscheidende Pointe des Immaterialismus verfehlt, wird sowohl im ersten als auch im zweiten Hauptteil dieser Arbeit erörtert.

Damit geht unweigerlich einher, dass sich der Immaterialismus von herkömmlichen Theorien in akademischen Kontexten unterscheiden muss.

---

8   Gottfried Gabriel, *Literarische Form und nicht-propositionale Erkenntnis in der Philosophie*, in: *Literarische Formen der Philosophie*, S. 1.
9   Ebd., S. 10 ff.
10 George Berkeley, *Tagebuch*, 696.

Das hat Berkeley bereits selbst ›gesehen‹. In seinen *Drei Dialogen** lässt er den Immaterialismus vertretenden *Philonous* verkünden: »I do not pretend to frame any hypothesis at all.«[11] Deshalb sollte man besser nicht von einer immaterialistischen Theorie reden, sondern von einem immaterialistischen Programm. Einem Programm, so kann man es mit Gottfried Gabriel sagen, zur »Einstellungsänderung«[12]. Berkeley selbst redet wiederum von einer Veränderung des »Zustandes« (*state*), die durch den Immaterialismus herbeigeführt werden soll. Im ersten Teil der Arbeit wird dieser Zustand als eine spezifische Form von Bewusstsein gekennzeichnet: die der Bewusstheit.

Doch dabei bleibt es nicht. Das wäre zu wenig. Denn: Die Berücksichtigung der grundsätzlichen Metaphorizität des Immaterialismus führt zu weiteren Verschiebungen in der Interpretation der philosophischen Position von George Berkeley gegenüber den dominanten Auslegungen innerhalb der Forschung. Die Wichtigste dürfte sein, dass so seinem Werk innerhalb der Epoche der Aufklärung eine Sonderstellung zugewiesen werden kann. In den beiden Teilen dieser Arbeit wird der Versuch unternommen, zur Darstellung zu bringen, dass im Immaterialismus mit zwei für die Aufklärungsepoche typischen Hintergrundmetaphoriken gebrochen wird: der Metaphorik eines *lumen rationale* und der Metaphorik der Camera obscura. Die Voraussetzung hierfür ist die Anwendung der auf Blumenberg zurückgehenden subsidiären Methode.

2. Die subsidiäre Methode des Metaphorologen

Blumenbergs Metaphorologie zielt vorrangig darauf ab, die in unterschiedlichen Philosophien an Metaphern vorgenommenen »Umformungsprozesse«[13] zu analysieren und zu beschreiben. Das geschieht aus folgendem Anlass: Derartige Prozesse indizieren dem Metaphorologen Blumenberg die grundsätzlichen »Wandlungen des Welt- und Selbstverständnisses«[14]. Dabei

---

* In dieser Arbeit wird weitestgehend aus den deutschen Übersetzungen von Berkeleys Schriften zitiert. Allerdings lässt es sich nicht vermeiden, auch auf den originalen Wortlaut Berkeleys zurückzugreifen – aufgrund der stellenweise nicht immer gelungenen Übersetzungsarbeit. Es wird dann nach der anerkannten Werkausgabe, die von Luce und Jessop stammt, zitiert (*The Works of George Berkeley Bishop of Cloyne*).

11 George Berkeley, *Works II*, S. 229.
12 Gottfried Gabriel, *Literarische Form und nicht-propositionale Erkenntnis in der Philosophie*, in: *Literarische Formen der Philosophie*, S. 22.
13 Hans Blumenberg, *Licht als Metapher der Wahrheit*, in: *Ästhetische und metaphorologische Schriften*, S. 140.
14 Ebd.

EINLEITUNG   XV

ist zu berücksichtigen, dass »sich Blumenberg nicht damit aufgehalten hat, die sprachliche Operation der Metapher im einzelnen zu analysieren«[15]. Deshalb plädiert etwa Birgit Recki dafür, die Metaphorologie als eine »Gebrauchstheorie der Metapher«[16] auszulegen. In der hiesigen Arbeit wird diese Ansicht geteilt. In den beiden Hauptteilen geht es zuvorderst darum, die sich in Metaphern »kristallisierten«[17] Einstellungen, Haltungen oder Weltverhältnisse in beschreibender Form zu analysieren. Doch das ist leichter gesagt als getan. Dabei ist man nämlich mit erheblichen Schwierigkeiten konfrontiert: Es gilt das Implizite in ein Explizites zu transformieren. Dieser Umwandlungsprozess kommt einer »Detektivarbeit«[18] gleich: In den zu analysierenden Texten lassen sich nicht mehr als ›Spuren‹ auffinden, mit deren Hilfe »Stile von Weltverhalten«[19] zu rekonstruieren sind.

Dass die dabei erzielten Ergebnisse wiederum selbst nicht frei von Metaphern sein können, ist ein Umstand auf den bereits Hans Blumenberg aufmerksam macht: Der Metaphorologe kommt in seinen Beschreibungsversuchen nicht umhin, auch selbst auf eine metaphorische Redeweise zurückzugreifen, weil sich eine heuristische oder modellierende Metaphorik nicht vollständig in Begrifflichkeiten auflösen lässt. Sie erweist sich gegenüber »dem terminologischen Anspruch als resistent«[20].

Diese Tatsache macht sich ironischerweise auch in der Gesamtkonzeption von Blumenbergs Metaphorologie bemerkbar. Blumenbergs Verständnis einer metaphernversierten philosophischen Arbeit orientiert sich am Bild archäologischer Grabungen. Wie ein Archäologe versucht der Metaphorologe das im »Untergrund«[21] Verborgene an die Oberfläche zu befördern. Hierfür muss er in die ›tiefsten Regionen‹ der zu analysierenden Texte vorstoßen. Die Motivation zu einer solch mühsamen Arbeit kommt von einer verlockenden Aussicht her: die von Hans Blumenberg sogenannten »Substrukturen des Denkens«[22] aufdecken zu wollen. Blumenberg ist der Meinung, in der Sprache der Philosophie »Indizien«[23] dafür finden zu können, »daß in einer untergründigen Schicht des Denkens immer schon Antwort auf Fragen

---

15   Birgit Recki, *Der praktische Sinn der Metapher*, in: *Die Kunst des Überlebens*, S. 152 ff.
16   Ebd.
17   Hans Blumenberg, *Paradigmen zu einer Metaphorologie*, S. 17.
18   Rüdiger Zill, *Substrukturen des Denkens*, in: *Begriffs-, Diskurs-, Metapherngeschichte*, S. 250.
19   Hans Blumenberg, *Paradigmen zu einer Metaphorologie*, S. 29.
20   Hans Blumenberg, *Paradigmen zu einer Metaphorologie*, S. 16.
21   Ebd.
22   Ebd.
23   Ebd., S. 19.

gegeben worden war, die zwar in den Systemen nicht formuliert enthalten, wohl aber impliziert durchstimmend, färbend, strukturierend gegenwärtig und wirksam gewesen ist«[24]. Deshalb begibt sich der Metaphorologe auf die Suche nach dem, was laut Barbara Merker »zumeist unentdeckt im Rücken der Aufmerksamkeit«[25] liegt. Wie Merker in dieser Redewendung vorführt, ließe sich Blumenbergs Archäologie-Metaphorik durchaus vermeiden. Auch Rüdiger Zill unternimmt einen solchen Versuch. Er schreibt: »Wenn es schließlich in der Metaphorologie um Substrukturen geht, dann sind sie nicht verborgener als die Vernetzung unserer Begriffe ohnehin.«[26] Daraus zieht er die Konsequenz, dass die Metaphorik archäologischer Grabungsarbeit eher irreführend sei: »Weil sie ein Oben und ein Unten, ein Innen und Außen, die Notwendigkeit archäologischer Grabungen suggerieren.«[27] Das mag zwar überzeugend sein, doch droht mit dem Verzicht auf die Grabungs-Metaphorik der bestimmende Punkt der Metaphorologie verloren zu gehen. Blumenbergs Idee der Tiefenstruktur von Sprache ist kein rhetorischer Kniff. Mit Hilfe des Tiefen- oder Ebenen-Modells versucht Blumenberg verständlich zu machen, dass eine modellierende oder auch heuristische Metaphorik zumeist den strukturellen oder formalen Untergrund bildet, auf dem Begriffe in einer sekundären Art und Weise aufbauen.

Dass sich diese These Blumenbergs bestätigen lässt, wird in dieser Arbeit anhand zweier Modelle für Weltverhältnisse vorgeführt, die in der Aufklärung als stilprägend gelten: das Modell eines *lumen rationale* und das der Camera obscura. Die Entscheidung für diese beiden Modelle basiert nicht auf Zufall. Auf den ersten Blick könnte man nämlich meinen, dass auch George Berkeley ein Vertreter genau dieser beiden Modelle sei, weil er deren Vokabular in seinen Schriften verwendet. Werden aber die »Substrukturen« des Immaterialismus freigelegt, dann stellt sich das Gegenteil heraus. Daraus resultieren die in den beiden Hauptteilen dieser Arbeit vorgetragenen Thesen: Einerseits transformiert Berkeley das Modell eines *lumen rationale* und andererseits ›sprengt‹ er das der Camera obscura.

---

24 Ebd.
25 Barbara Merker, *Phänomenologische Reflexion und pragmatistische Expression*, in: *Metaphorologie*, S. 163.
26 Rüdiger Zill, *Substrukturen des Denkens*, in: *Begriffs-, Diskurs-, Metapherngeschichte*, S. 257.
27 Ebd.

3. Die Transformation der Lichtmetaphorik der Aufklärung

Die im *siècle des lumières* mit einem »Licht des Denkens«[28] in Verbindung stehenden Annahmen werden in dieser Arbeit unter Bezugnahme auf die Überlegungen Peter Sloterdijks, Johann Kreuzers und Hans Blumenbergs im Modell eines *lumen rationale* zusammengefasst. Dieses führt charakteristische Implikationen mit sich.

Dass die lichtmetaphorischen Ansichten Berkeleys vom Modell eines *lumen rationale* in eigentümlicher Weise abweichen, wird in einem direkten Vergleich deutlich. Weshalb es eines solchen – in der Forschung bisher nicht vorliegenden – Vergleichs überhaupt bedarf, erklärt sich nicht von selbst: »Ohne diese Vorarbeit, eine Philosophie zu rekonstruieren aus dem, was nicht ihr eigentliches Wesen ist, und sie in Beziehung zu setzen zu ihrem zeitgenössischen Milieu – ohne diese Vorarbeit würden wir vielleicht nie zu dem gelangen, was sie in Wirklichkeit ist; denn der menschliche Geist ist so beschaffen, daß er das Neue erst zu begreifen beginnt, nachdem er alles versucht hat, um es auf das schon Bekannte zurückzuführen.«[29] Diese Behauptung Henri Bergsons verdeutlicht trotz ihres pathetischen Untertons treffend, dass die philosophische Arbeit eines rekonstruierenden Vergleichs alles andere als »fruchtlos«[30] sein muss: Schrittweise wird dafür argumentiert, dass die Implikationen der lichtmetaphorischen Aussagen Berkeleys als eine Kritik am Modell eines *lumen rationale* aufgefasst werden können. Dabei wird ersichtlich, dass die lichtmetaphorischen Ansichten Berkeleys als ein Gegenentwurf zum Standard-Modell konzipiert sind. Obgleich aber auch Berkeley hin und wieder von einem *light of reason* spricht, geht er in seinem gesamten Werk nie so weit, dem vom standardisierten Licht-Modell vorgezeichneten Bild des *Lumieres* Folge zu leisten. Das lässt den Schluss zu, dass sich im Immaterialismus ein »Redigieren der Moderne«[31] ankündigt. Berkeley arbeitet sich an dem für die Moderne einschlägigen Licht-Modell eines *lumen rationale* ab; aber nicht um es zu wiederholen, sondern um es ›neuzuschreiben‹.

Dass die Moderne »in sich einen Antrieb enthält, sich selbst in Hinblick auf einen von ihr unterschiedenen Zustand zu überschreiben (*réécrire*)«[32], entstammt den Überlegungen Jean-François Lyotards. Im Originalwortlaut verwendet Lyotard anstelle des deutschen Verbs *überschreiben* das französische

---

28 Johann Kreuzer, *Licht*, in: *Wörterbuch der philosophischen Metaphern*, S. 224.
29 Henri Bergson, *Die Philosophische Intuition*, in: *Denken und schöpferisches Werden*, S. 127.
30 Ebd.
31 Jean-François Lyotard, *Die Moderne redigieren*, in: *Das Inhumane*, S. 37.
32 Ebd., S. 38.

réécrire. Doch für dieses gibt es kein exaktes Gegenstück im Deutschen. Am ehesten trifft es noch das englische Verb *to rewrite*. Wenn hier dennoch auf die deutschen Verben *redigieren, überschreiben* oder auch *umarbeiten* ausgewichen wird, so ist dabei zu beachten, dass in diesen immer zwei Bedeutungen mitzudenken sind: Es handelt sich beim Redigieren sowohl um ein Umschreiben als auch um ein Neuschreiben. Beide Momente gehen im Redigieren miteinander einher.

Auf den Immaterialismus bezogen besagt das zusammengefasst nicht mehr und nicht weniger, als dass Berkeley das Modell eines *lumen rationale* ausschließlich als ein redigiertes übernimmt. Der Grund dafür ist, dass im Immaterialismus eine indirekte Kritik an der rationalistischen Haltung des *Lumieres* formuliert wird. Dass Berkeley aber wiederum kein Antipode der Aufklärung ist, sondern mit seinem Immaterialismus eine selbstreflexive Weiterentwicklung aufklärerischen Gedankenguts vorlegt, soll aufgezeigt werden.

4. Die Überwindung des Modells der Camera obscura

Berkeleys Denken wird in der Forschung hin und wieder als ein Musterbeispiel des »cartesianischen Paradigmas der Camera obscura«[33] aufgefasst – so unter anderem in der hierfür einflussreichsten Studie: in Jonathan Crarys *Techniken des Betrachters*. Dass es generell berechtigt ist, von einem Paradigma der Camera obscura auszugehen, gelingt Crary in seinen umfangreichen Untersuchungen überzeugend darzustellen. Wenn er darin aber auch explizit behauptet, dass Berkeley jenem Paradigma hinzugezählt werden müsse, dann sollte sich auch verifizieren lassen, dass das Modell der Camera obscura als eine hintergründig organisierende und strukturierende »Leitvorstellung«[34] im Immaterialismus gegenwärtig ist.

Doch im Hintergrund des Immaterialismus lassen sich die auf die Verwendung dieses Modells hinweisenden Implikationen nicht ausmachen. Das ist erstaunlich, weil auch Berkeley auf ein Vokabular zurückgreift, das gemeinhin mit dem Modell der Camera obscura in Verbindung gebracht wird: Auch im Immaterialismus ist davon die Rede, dass wir nicht Gegenstände sondern Ideen wahrnehmen. Wie sich aber im Verlauf des zweiten Teils der Arbeit herausstellen wird, benutzt Berkeley den Terminus der *Idee* in einer anderen Weise als ihn die Vertreter des Camera obscura-Modells verwenden: Ideen werden im Immaterialismus nicht als mentale Abbilder oder Darstellungen

---

33 Jonathan Crary, *Techniken des Betrachters*, S. 53.
34 Hans Blumenberg, *Paradigmen zu einer Metaphorologie*, S. 91.

von einer materiellen Welt aufgefasst, sondern als die Dinge selbst. Laut Berkeley sehen wir nicht geistige Repräsentationen von materiellen Objekten, sondern physische Gegenstände. Weil Berkeley aber dennoch davon spricht, dass wir Ideen hören, fühlen, schmecken, riechen oder sehen, gibt das Anlass zu der im zweiten Hauptteil ausgeführten These: Berkeley subvertiert das Modell der Camera obscura.

Folgendes unterscheidet die hiesige Leseweise des Immaterialismus von der Crarys: Auch wenn Berkeley zuweilen eine Sprache benutzt, die auf die Verwendung des Modells der Camera obscura schließen lassen könnte, lässt sich nicht auch mit Berechtigung behaupten, dass sich das Modell der Camera obscura in Berkeleys philosophischer Position als eine fundamentale Leitvorstellung manifestiert. Im Immaterialismus lassen sich keinerlei Indizien dafür auffinden, dass Berkeley seine Annahmen aus dem Modell der Camera obscura ableitet. Was etwa für die Bewusstseinstheorie John Lockes und für die Theorie der Wahrnehmung René Descartes uneingeschränkt gilt – nämlich, dass sowohl Descartes als auch Locke das Modell der Camera obscura zur Gewinnung ihrer Thesen dient – trifft nicht auf den Immaterialismus zu. In einem Punkt geht Crary also viel zu weit: Er will auch Berkeley als ein Repräsentant des Paradigmas der Camera obscura verstanden wissen wollen. Doch der Immaterialismus ist nicht ein Musterbeispiel für ein Denken nach Maßgabe der Camera obscura, sondern vielmehr die Überwindung des im Modell der Camera obscura standardisierten Weltverhältnisses.

5. Der immersive Stil des immaterialistischen Weltverhaltens

Sowohl in der Lichtmetaphorik der Aufklärung als auch in der Metaphorik der Camera obscura wird ein typisches ›Bild‹ vom Subjekt vorgegeben: Es wird als ein autonomes und souveränes – von äußeren Faktoren unabhängig existierendes – konzipiert. Im standardisierten Licht-Modell der Aufklärung macht sich das wie folgt bemerkbar: Der *Lumiere* begreift sich selbst als eine ›Lichtquelle‹. Besonders daran ist, dass allen vorgefundenen – ›natürlichen‹ – Lichtern »die Funktion der Irreführung«[35] zugeschrieben wird. Es ist allein das Licht im ›Inneren‹ des Subjekts, das einer »emanzipierten Selbsttätigkeit«[36] gerecht zu werden vermag. Auch die Camera obscura ist nach Jonathan Crary

---

35 Hans Blumenberg, *Licht als Metapher der Wahrheit*, in: *Ästhetische und metaphorologische Schriften*, S. 169.
36 Peter Sloterdijk, *Lichtung und Beleuchtung*, in: *Der ästhetische Imperativ*, S. 99.

»eine Metapher für ein nominell freies und souveränes Individuum«[37]. Sie steht »für ein privatisiertes Subjekt«[38], das sich »abgeschnitten von der Öffentlichkeit, der Außenwelt, in einem quasi-domestischen Raum«[39] befindet. Diese Befunde lassen den Schluss zu, dass sich das in diesen Hintergrundmetaphoriken stilisierte Verhältnis des Menschen zu seiner Umwelt generell durch ein *Distanziert-Sein* auszeichnet. Sowohl für die Lichtmetaphorik der Aufklärung als auch für die Metaphorik der Camera obscura ist ein spezifischer Daseinsstil charakteristisch, der – so ein Vorschlag – als ein *aversiver* bezeichnet werden kann.

Der Immaterialismus widersetzt sich einem solchen Verhältnis zur Welt. Eines von Berkeleys Hauptanliegen kann in einer ›therapeutischen Rückführung‹ zu einer Einstellung gefunden werden, die sich nicht durch ein *Distanziert-Sein* auszeichnet, sondern durch ein *Dabei-Sein*. Charakteristisch für den Immaterialismus ist deshalb – so ein weiteres Angebot – ein *immersiver* Stil des Weltverhaltens. Den Anlass für diese Behauptungen gibt unter anderem der Sachverhalt, dass Berkeley von seinem Frühwerk an auf die »schlichten Eingebungen der Natur (*plain dictates of nature*)«[40] vertraut. In den *Drei Dialogen* erfährt sich der Immaterialist *Philonous* durch derlei Eingebungen »strangely enlightened«[41].

Das den Immaterialismus prägende Weltverhältnis zeichnet sich prinzipiell dadurch aus, dass das Individuum nicht als ein von der natürlichen Welt losgelöstes vorgestellt wird, sondern als ein unablöslich mit ihr verbundenes: Es ist ein ›quallenartig‹ in seine Umwelt ›eingetauchtes‹. Das führt zu der These, dass sich bereits im Immaterialismus ein ökologisches Bewusstsein formiert findet. Was beispielsweise Charles Taylor erst mit Jean-Jacques Rousseau und der Epoche der Romantik einsetzen lässt – »the ecological movement«[42], in der »nature as source«[43] begriffen wird –, beginnt bereits viel früher: Etwa mit George Berkeley, in dessen Immaterialismus eine indirekte Kritik an dem die Aufklärung dominierenden und sich durch ein *aversives* Weltverhalten auszeichnenden Cartesianismus geäußert wird. Die Philosophie Berkeleys ist deshalb aber nicht eine anti-aufklärerische, sondern die Weiterentwicklung aufklärerischen Gedankengutes in einem ganz modernen Sinne: Nämlich eine ökologisch denkende Philosophie, in der das Subjekt nicht in einem *aversiven*, sondern in einem *immersiven* Verhältnis zu seiner Umwelt steht.

---

37   Jonathan Crary, *Techniken des Betrachters*, S. 49.
38   Ebd.
39   Ebd.
40   George Berkeley, *Drei Dialoge*, S. 10.
41   George Berkeley, *Works II*, S. 172.
42   Charles Taylor, *Sources Of The Self*, S. 355.
43   Ebd.

TEIL I

Der Immaterialismus und das Modell eines lumen rationale

KAPITEL 1

Die Lichtmetaphorik in der Aufklärung

Wie die Lichtmetaphorik der Aufklärung interpretiert werden kann, ist in den Aufsätzen von Peter Sloterdijk, Hans Blumenberg und Johann Kreuzer wegweisend dargestellt. Deren Stoßrichtung wird hier nicht nur aufgegriffen, sondern auch ergänzt und erweitert. Zudem fehlen den Aufsätzen Sloterdijks und Blumenbergs die wünschenswerten Belege für die darin aufgestellten Thesen. Dies hinterlässt die Herausforderung deren Behauptungen treffend nachzuweisen. Deshalb werden die Ausführungen Blumenbergs und Sloterdijks im Folgenden mit Zitaten von René Descartes, Denis Diderot, Nicolas Malebranche und John Locke kommentiert, um auf diesem Wege deren Stichhaltigkeit zu untermauern.

Laut Blumenberg, Sloterdijk und Kreuzer kann davon ausgegangen werden, dass die Epoche der Aufklärung an eine spezifisch luminöse Leitmetaphorik gebunden ist: »Aufklärung ist das Zeitalter der Licht-Penetranz«[44], heißt es bei Sloterdijk treffend. Schon die englischsprachige Epochenbezeichnung *enlightenment* oder auch die französische *siècle des lumières* weisen noch viel deutlicher und direkter als die deutsche auf diese Affinität der Aufklärer zum ›Licht‹ hin. Sicherlich ist es nicht unproblematisch, die unterschiedlichen und vielfältigen Positionen der komplexen Aufklärungsbewegung reduktionistisch zu vereinheitlichen. Dennoch lassen sich entscheidende Gemeinsamkeiten bei vielen Aufklärern feststellen, wenn man sie unter einem Aspekt – nämlich dem der Lichtmetaphorik – betrachtet. So vorgehend lassen sich nach Blumenberg, Kreuzer und Sloterdijk figurative Vorstellungen in der Aufklärung ausfindig machen, in denen Vernunft und Verstand als eine Lichtquelle im Subjekt dargestellt sind. Um zu verstehen, was damit gemeint ist, werden zunächst die Ansichten Sloterdijks, Kreuzers und Blumenbergs zur antiken Lichtmetaphorik genauer vorgestellt. Das ist notwendig, weil sich die Verschiebungen des Mensch-Welt-Verhältnisses in der Moderne ausgesprochen gut darstellen lassen, wenn man die Lichtmetaphorik der Antike mit der Aufklärung vergleicht.

---

44 Peter Sloterdijk, *Lichtung und Beleuchtung*, in: *Der ästhetische Imperativ*, S. 98.

1.1 Die Voraussetzung: Das platonische Licht-Modell

Im Aufsatz *Lichtung und Beleuchtung – Anmerkungen zur Metaphysik, Mystik und Politik des Lichts* aus dem Jahr 1994 schreibt Peter Sloterdijk, dass die westliche Philosophie seit ihren Anfängen an »optische Analogien«[45] gebunden ist, die das Verhältnis von Welt, Subjekt und Erkenntnis bildlich darzustellen versuchen: »Welt, Intellekt und Erkenntnis sollen miteinander einen ähnlichen Zusammenhang bilden wie in der physischen Sphäre Leuchtkörper, Auge und Licht«[46]. In vormodernen Zeiten folgen optische Analogien dabei einem spezifischen Muster: »Der ›Weltgrund‹ selbst, Gott oder eine schöpferische Zentralintelligenz, wurde nicht selten als eine aktive intelligible Sonne vorgestellt, die mit ihrem Strahlen Weltformen, Dinge und Intellekt hervorbringt.«[47]

Aus Sloterdijks Formulierungen lässt sich der Gedanke entnehmen, dass in Zeiten metaphysischer Weltanschauungen die Lichtmetaphorik vor allem dazu dient, Licht als metaphorischen Stellvertreter für Wahrheit zu gebrauchen. Gemeint ist damit, dass schon in antiken Vorstellungen – und insbesondere in Platons *Sonnengleichnis* – eine Denkfigur auszumachen ist, die in den allgemeinen Kanon philosophischer Anschauungsfiguren eingezogen ist: die Gleichsetzung von Licht und Wahrheit. Einer solchen Figur liegt die Annahme zugrunde, dass Wahrheit einem Licht entsprechen soll, das, in der Sprache der optischen Analogie formuliert, mithilfe der Vernunft (*nous*) ›geschaut‹ wird. Diese metaphorische Figuration ist nach Hans Blumenberg in den so genannten »Substrukturen«[48] vormoderner und metaphysischer Texte paradigmatisch auszumachen. Eine solche These vertritt und expliziert er in seinem 1957 erschienen Aufsatz *Licht als Metapher der Wahrheit*. Wie auch Sloterdijk ist Blumenberg der Meinung, dass sich die Lichtmetaphorik für den ›Ausdruck‹ metaphysischer Wahrheitsvorstellungen besonders anbietet. Diesbezüglich schreibt er: »An Aussagefähigkeit und subtiler Wandlungsmöglichkeit ist die Lichtmetapher unvergleichlich. Von ihren Anfängen an hat die Geschichte der Metaphysik sich dieser Eigenschaft bedient, um für ihre letzten, gegenständlich nicht mehr faßbaren Sachverhalte eine angemessene Verweisung zu geben.

Daß im Begriff des Seins mehr steckt als ein leerstes Abstraktum, das man dem Seienden als sein allgemeinstes Prädikat abgewinnen könnte, ist immer wieder mit Hilfe dieser Chiffre darzustellen versucht worden. Das Verhältnis

---

45 Peter Sloterdijk, *Lichtung und Beleuchtung*, in: *Der ästhetische Imperativ*, S. 86.
46 Ebd.
47 Ebd.
48 Hans Blumenberg, *Paradigmen zu einer Metaphorologie*, S. 16.

von Einheit und Vielheit, von Absolutem und Bedingtem, von Ursprung und Abkunft fand hier eine Art von Modell.«[49] Kennzeichnend für die vormoderne Verwendungsweise der Lichtmetaphorik ist nach Blumenberg, dass in ihr immer auch eine gewisse Hinwendung zur Transzendenz implizit mit angelegt ist. Das heißt, dass die Lichtmetaphorik des Altertums in der Leseart Blumenbergs – aber auch in der von Sloterdijk und Kreuzer – mehr als rein rhetorische Phänomene darstellen: die Lichtmetaphorik schlägt schon bei Platon in Lichtmetaphysik um. »Wahrheit wird in der Transzendenz lokalisiert«[50], lautet die Diagnose Blumenbergs in Bezug auf das platonisch-metaphysische Denken. Einschlägig hierfür sei Platons *Sonnengleichnis*: In diesem wird die Denkfigur entworfen, in der die lichtgebende Sonne mit der Wahrheit verglichen wird. Im Gleichnis verleiht die Sonne der gegenständlichen Welt die Sichtbarkeit. Blumenberg ›sieht‹ darin zunächst den Verweis auf einen ganz natürlichen Vorgang, der noch nicht metaphysisch belastet ist: »Was allem anderen seine Sichtbarkeit und Gegenständlichkeit verleiht, kann selbst nicht gegenständlich sein. Licht wird nur an dem gesehen, was es sichtbar werden läßt; gerade das macht die Natürlichkeit des Lichts aus.«[51] Doch der im *Sonnengleichnis* zugrunde liegende Unterschied von Licht- und Gegenstands-Phänomenen spielt letztendlich in Transzendenz hinüber. Die Lichtmetapher steht am Schluss des platonischen Gleichnisses stellvertretend für die Wahrhaftigkeit einer übersinnlichen und intelligiblen Ideenwelt: Licht ist eine Metapher, mit der implizit auf die in der Transzendenz liegende Lichtquelle – der Sonne – Bezug genommen wird. Im Platonismus steht die Lichtmetaphorik folglich für eine Form von Wahrheit, die über rein sprachliche Aussagen hinaus auf das metaphysische Prinzip der *Idee des Guten* in Form einer ›Sonne‹ verweist. Platons eigenen Ausführungen zufolge ist die *Idee des Guten* »jene Kraft, die den Objekten des Denkens die Wahrheit und dem erkennenden Subjekt die Kraft des Erkennens gibt«[52].

Johann Kreuzer schließt sich dieser – von Blumenberg übernommenen – These in seinem Artikel *Licht* an. Er schreibt treffend, dass die Lichtmetaphorik Platons »über Veranschaulichungsweisen wahren Erkennens in Metaphern hinausführen soll. Licht erscheint als transzendentes Prinzip in der Immanenz des im Licht sich zeigenden«[53]. Das besagt nichts anderes, als dass die Wahrheit im Platonismus ein rein phänomenales oder bewusstseinsimmanentes Sein ›übersteigt‹. Dieser Gedanke lässt sich der *Politeia* entnehmen: »In der

---

49   Hans Blumenberg, *Licht als Metapher der Wahrheit*, in: *Ästhetische und metaphorologische Schriften*, S. 140.
50   Ebd., S. 143.
51   Ebd., S. 142.
52   Platon, *Politeia*, 508e.
53   Johann Kreuzer, *Licht*, in: *Wörterbuch der philosophischen Metaphern*, S. 215.

Welt des Erkennbaren ist die Idee des Guten die höchste und nur mit Mühe erkennbar; wenn man sie aber erkannt hat, dann ergibt sich, daß sie für alles Rechte und Schöne die Ursache ist; sie schafft in der sichtbaren Welt das Licht, in der Welt des Denkbaren hilft sie uns zu Wahrheit und Einsicht; sie muß jeder schauen, der im eigenen wie im öffentlichen Leben vernünftig handeln will.«[54] Vor dieser Textstelle ergibt sich, warum Blumenberg die These vertritt, dass das die Welt erschaffende und erhellende Prinzip – agathon – im Platonismus als von der phänomenalen Welt ›entkoppelt‹ vorgestellt wird: Es ist selbst nicht von dieser und verlässt deshalb die ›Schranken‹ aller Immanenz. Kurzum: Die ›luminöse Wahrheit‹ ist der phänomenalen Welt entrückt. Als Beleg führt Blumenberg die wohl bekannteste Sonnengleichnis-Textstelle in Platons *Politeia* an. Es heißt dort: »Die Sonne gibt dem Sichtbaren nicht nur die Fähigkeit, gesehen zu werden, sondern auch Werden, Wachstum und Nahrung, ohne selbst dem Werden unterworfen zu sein. [...] Also wird den Objekten der Erkenntnis vom Guten nicht nur die Erkennbarkeit gegeben, sondern sie erhalten auch Existenz und Wesen von ihm, das nun nicht selbst ein Seiendes ist, sondern über das Sein an Erhabenheit und Kraft hinausragt.«[55] Der Meinung Blumenbergs nach ist diesem Textauszug beispielhaft zu entnehmen, wie die Lichtmetaphorik metaphysisch-platonischen Denkens eine Form von Transzendenz implizit immer mit ›einbindet‹ und damit das Paradigma des antiken Licht-Modells vorgibt. Wenn die Licht-Metaphorik fortan in der Geschichte der Philosophie bemüht wird, geht damit immer auch dieser paradigmatische Inhalt einher.

Für die nach Platon schreibenden Philosophen wird das mehr oder weniger direkt zur Herausforderung. Wie Blumenberg in seinem Licht-Aufsatz zu zeigen versucht – und darauf kommt es ganz besonders an – ›spiegelt‹ sich jener implizite Hang zur Transzendenz, der im *Sonnengleichnis* vorliegt, auch in der Lichtmetaphorik nachplatonischer Überlegungen – sozusagen als ein mehr oder weniger bewusstes ›platonisches Erbgut‹. Das heißt jedoch nicht, dass die Lichtmetaphorik nicht auch ›weitergebildet‹ oder grundsätzlich ›umgeformt‹ werden könne. Denn: Verschiebungs- und Umformungsprozesse innerhalb von Metaphorik sind nicht nur Ausnahmen, sondern sogar eher Regelfälle. Nach Blumenberg ist gerade die Lichtmetaphorik an subtiler Wandlungsmöglichkeit unvergleichlich.

Für eine hermeneutische Analyse der Metaphorik von Texten ist es folglich unerlässlich, die vorgefundenen Metaphern auf ihren historischen Bestand hin zu untersuchen. Ein Großteil der von Autoren verwendeten Metaphern ist für Blumenberg nämlich weniger individuell als vielmehr kollektiv oder

---

54 Platon, *Politeia*, 517b-c.
55 Ebd., 509b.

paradigmatisch ›geprägt‹. In einem weniger bekannten Fragment aus dem Nachlass Blumenbergs lässt sich dieser Gedanke mit der wohl größten Klarheit in der Formulierung auffinden: »Bei jedem Autor gibt es Metaphern, die mehr seine Epoche als ihn selbst indizieren und folglich für den Hintergrund seiner Sachfragen und Sachentscheidungen explorativ sind. Sie werden ihm dann weniger gehören als andere, ihn mehr hineindrücken in den Horizont einer Zeitgenossenschaft, wenn nicht sogar eines Zeitgeistes.«[56]

Peter Sloterdijk knüpft nun in seinem Aufsatz affirmativ an die metaphorologischen Überlegungen Blumenbergs an, spricht aber – im Gegensatz zu Blumenberg – nicht direkt von einer Tendenz zur Transzendenz in der vormodernen Verwendungsweise der Lichtmetaphorik, sondern von einem »optischen Idealismus«[57], der für metaphysisches Denken kennzeichnend sei. Abendländische Metaphysik ist für ihn »in der Sache eine Metaoptik«[58]. Von »Metaoptik« spricht er deshalb, weil der »entscheidende Coup« des »optischen Idealismus« darin besteht, »das sehende Denken dem sinnlichen Sehen überzuordnen«[59].

Eine wie auch immer sich vorzustellende intelligible oder transzendente Sphäre ist also – wie schon den Gedanken Blumenbergs zu entnehmen ist – der sinnlich-phänomenalen Welt übergeordnet: »Richtiges (agathomorphes) Denken ist Sehen im ewigen Tal der vom Guten ausgeleuchteten Ideenwelt. Aus der Analogie von Sonne und Gottheit (Gutheit) wird eine ontologische Hierarchie mit dem intelligiblen Gottesprinzip an der Spitze.«[60] Sloterdijk zufolge ist die Lichtmetaphorik der »Garant der Erkennbarkeit des Seienden«[61]. Das führt er in folgender Weise weiter aus: »Als tagaktive Wesen neigen (Menschen, M. H.) dazu, den Sinn von Sein als Bei-Tage-Sein auszulegen. Somit wird schon für die frühen Metaphysiker und Naturphilosophen des Westens die Welt alles, was bei Tageslicht der Fall ist – man hat sogar mit einem Moment von Berechtigung sagen können, die okzidentale Philosophie sei ihrem Wesen nach Heliologie, das heißt Sonnenmetaphysik oder Photologie – Lichtmetaphysik.«[62] Diese ist für Sloterdijk unabdinglich mit dem Gedanken verbunden, dass der Mensch in einem sinnerfüllten Kosmos ›eingebettet‹ ist. Dafür steht ›Licht‹ im weitesten Sinne: Im antiken Kosmos-Bild gibt es absolute Wahrheiten, die aufgrund ihrer Licht-Beschaffenheit eben auch erkannt oder – im Sinne der Metaphorik – ›schauend empfangen‹ werden. In Bezug

---

56 Hans Blumenberg, *Unerlaubte Fragmente* 788/89, abgebildet in: *Metaphorologie*, S. 336 ff.
57 Peter Sloterdijk, *Lichtung und Beleuchtung*, in: *Der ästhetische Imperativ*, S. 90.
58 Ebd., S. 86.
59 Ebd., S. 90.
60 Ebd.
61 Ebd., S. 88.
62 Ebd., S. 88 ff.

auf die kosmische Weltanschauung des Platonismus schreibt Sloterdijk: »Wie für das Sichtbare Helios Lichtgeber ist, so wirkt in der Welt der Ideen *agathon*, das Gute, als die alles durchwaltende Zentralsonne; von ihr her gewinnen Menschen Denkkraft, während zugleich die Ideen Denkbarkeit erhalten. Mit dem klaren Denkstrahl wahre Ideen anzudenken, ist analogisch dasselbe, wie mit dem (heliomorphen) Sehstrahl gut beleuchtete sichtbare Dinge anzusehen.«[63] Es wird sich nun zeigen, dass eine derartige Licht-Konzeption dem modernen und aufgeklärten Denken diametral entgegengesetzt ist.

1.2 Die Transformation des platonischen Licht-Modells in der Aufklärung

Sowohl in Blumenbergs als auch in Sloterdijks Aufsatz ist der Gedanke enthalten, dass sich der Anbruch der Aufklärung ganz spezifisch in der ›Umformung‹ der Lichtmetaphorik vormoderner Zeiten bemerkbar macht. Einsichtig wird das, wenn wie nun hier der Versuch unternommen wird, das für die Vormoderne typische – platonische – Licht-Modell dem der Aufklärung vergleichend gegenüberzustellen.

Verformungsprozesse in der Metaphorik können sich nach Blumenberg immer erst dann zeigen, wenn die von ihm sogenannten »Substrukturen«[64] theoretischer Bemühungen in ›Bewegung‹ geraten sind: Also immer erst dann, wenn die Bildlichkeit der in den Texten vorgefundenen metaphorischen Horizonte in Abweichung zu einem spezifischen Paradigma gestaltet sind. Zu berücksichtigen ist dabei, dass Metaphern in Blumenbergs Schriften niemals bloß als oberflächliches oder rein rhetorisches Sprachmaterial gelten, sondern als ganz subtile »Indizien«[65], an denen spezifische Veränderungen des Weltverhaltens ersichtlich werden können: Die in der Metaphorik vorgenommenen Umgestaltungen lassen nach Blumenberg nicht nur die hintergründig metaphorischen Leitideen ganzer Strömungen oder Bewegungen ersichtlich werden, sondern ermöglichen in nachträglich beschreibenden Interpretationsversuchen auch ein Verständnis über die darin jeweils versinnbildlichten Veränderungen im Mensch-Welt-Verhältnis. »Die Umformung der Grundmetapher indiziert die Wandlung des Welt- und Selbstverständnis«[66], schreibt Blumenberg mit Bezug auf das Aussagepotential der Lichtmetapher.

---

63 Ebd., S. 89 ff.
64 Hans Blumenberg, *Paradigmen zu einer Metaphorologie*, S. 16.
65 Ebd., S. 19.
66 Hans Blumenberg, *Licht als Metapher der Wahrheit*, in: *Ästhetische und metaphorologische Schriften*, S. 140.

1 DIE LICHTMETAPHORIK IN DER AUFKLÄRUNG

Demnach ist nun darzustellen, wie sich der in der Aufklärung aufkommende Wandel des Welt- und Selbstverständnisses innerhalb der Lichtmetaphorik bemerkbar macht. Zudem ist zu beschreiben, welche Veränderungen zum vormodernen Licht-Modell damit im Einzelnen einhergehen.

Mit dem Beginn der Moderne verschieben sich laut Peter Sloterdijk »die lichtmetaphysischen Einstellungen der westlichen Rationalität von Grund auf«[67]. Nachmetaphysisches Philosophieren ist »der Versuch, den optischen Idealismus zu überwinden«[68]. Die Aufklärung lässt sich folglich als eine Strömung beschreiben, in der genau dieser für die Moderne so typische Versuch unternommen wird, von dem Sloterdijk spricht: In der Aufklärung soll ein Beitrag zur Überwindung des lichtmetaphysischen Paradigma Platons geleistet werden. Das macht sich wie folgt bemerkbar: In der Lichtmetaphorik der Aufklärung geht es vor allem darum, ›Licht‹ ausschließlich auf bewusstseinsimmanente Bereiche anzuwenden. Genauer gesagt soll mit dem in der Aufklärung entstehenden Licht-Modell gewährleistet werden, die für das platonische Modell noch so spezifische implizite Tendenz zur Transzendenz vollauf zu überwinden.

Anhand von zwei entscheidenden ›Umformungseingriffen‹ in das alte Licht-Modell lässt sich dies genauer beschreiben. Der wichtigste und erste ›Erneuerungseingriff‹ in das antike Licht-Modell besteht darin, das Fundament des platonischen Modells zu entfernen. Gemeint ist damit die von Platon als Lichtquelle bestimmte Sonne (*agathon*). Dies ist notwendig um in einem weiteren Schritt eine neue und völlig andere Lichtquelle ›formen‹ zu können: Es ist das aufgeklärte Subjekt, was sich nun selbst als eine solche Quelle versteht. Während das platonische Modell noch mit einer außerhalb – im Transzendenten – liegenden Lichtquelle (*agathon*) operiert, funktioniert das neue Licht-Modell nur noch mit einer ausschließlich immanenten. Die im ›Inneren‹ des Subjekts vorzufindenden ›Verstandeskräfte‹ werden als die einzig zulässige, metaphorische Lichtquelle angesehen. Andererseits lässt sich im Licht-Konzept der Aufklärung eine zweite entscheidende Erneuerung ausmachen: die Umkehrung der ›Strahlrichtung‹ des Lichts innerhalb des Modells. Damit ist gemeint, dass sich die Lichtbewegung im Vergleich zum platonischen Modell verändert. Ist die Richtung des ›Lichts‹ im vormodernen optischen Idealismus noch die von außen nach innen, so liegt nach Blumenberg »in der Umkehrung dieser Richtung das entscheidend Neue«[69].

---

67   Peter Sloterdijk, *Lichtung und Beleuchtung*, in: *Der ästhetische Imperativ*, S. 97.
68   Ebd., S. 86.
69   Hans Blumenberg, *Licht als Metapher der Wahrheit*, in: *Ästhetische und metaphorologische Schriften*, S. 167.

Die im Subjekt allein befindliche Lichtquelle strahlt folglich in eine äußere Welt hinaus. Sie leuchtet – im Licht-Richtungs-Verhältnis von innen nach außen – in eine von ihr unterschiedenen Umwelt hinein. Mit einem solchen Licht-Richtungs-Wechsel im Licht-Konzept der Aufklärung geht zugleich eine sprachliche Neudefinition des dialektischen Begriffspaares von *innen* und *außen* einher. Weil das neue Licht-Modell nur noch innerhalb immanenter Grenzen funktioniert, kann *außen* nicht mehr etwas Subjekt- oder Welt-Transzendentes bedeuten, sondern sich lediglich auf eine außerhalb des Subjekts liegende Welt beziehen.

Es sind diese zwei grundlegenden Eingriffe in das Licht-Modell Platons, an dem die in der Aufklärung vorgenommene ›Umformung‹ der Lichtmetaphorik besonders deutlich wird. An diesen zwei so entscheidenden Neugestaltungen lässt sich das Welt- und Selbstverständnis der Moderne implizit ausmachen: In der erkenntnistheoretischen Wende der Aufklärung ist das menschliche Subjekt allein die prinzipielle Bedingung der Möglichkeit aller Erkenntnis. Die vormoderne oder metaphysische Ontologie wird von moderner Epistemologie abgelöst. Damit ist einer der wichtigsten Gedanken in der Aufklärung verbunden – nämlich der am explizitesten von Immanuel Kant formulierte: den Mut zu haben, selbstständig zu denken und demnach frei von autoritären Vorgaben und Traditionen. Diese Auffassung teilt Denis Diderot, der wie auch Kant die Meinung vertritt, dass »Autorität lange Zeit den Fortschritt der Philosophie aufgehalten«[70] habe. Die neue Aufgabe der Philosophie besteht nach Diderot vor allem darin, »zu erforschen, wie groß die Kräfte des menschlichen Verstandes sind und was ihr rechtmäßiger Gebrauch bei der Erkenntnis der Wahrheit ist«[71]. Dass derartige Aussagen – wie sie hier für die Aufklärung einschlägig von Diderot formuliert sind – als Initiationspunkt modernen Denkens aufgefasst werden können, lässt sich unter anderem mit dem Artikel *Philosophie* aus der *Enzyklopädie* gut belegen. In diesem spricht Diderot explizit von einer modernen Ausrichtung aller aufgeklärt philosophischen Anstrengungen.

Zudem lässt sich in diesem Artikel noch ein weiterer und für die hiesigen Untersuchungen besonders interessanter Gedanke auffinden: nämlich dass antike Ideen in der Aufklärung einen transformierenden Modernisierungsprozess durchlaufen können. Aufgeklärte oder moderne Philosophie lässt sich nach Diderot als ein den Sprachgebrauch aktualisierendes und kritisierendes Unternehmen auffassen. Es komme vor allem dort auf die für die moderne Philosophie so typische ›Klarheit‹ in der Argumentation und Beweisführung an, wo metaphysische und demnach immer auch transzendente

---

70   Denis Diderot, *Philosophische und politische Texte aus der Encyclopédie*, S. 359.
71   Ebd., S. 355.

Spekulationen der Kritik unterzogen werden sollen: »Klarblickend muss man in allen jenen Fällen sein, in denen es sich um Wahrscheinlichkeiten handelt und die Mutmaßung stattfindet.«[72] Laut Diderot »erfasst der (moderne, M. H.) Philosoph den Grundsatz an seiner Quelle, untersucht seinen Ursprung, erkennt seinen eigentlichen Wert und macht von ihm nur den Gebrauch, der ihm zukommt. Der Philosoph versteht die Meinung, die er verwirft, ebenso tief und klar wie die Meinung, der er sich anschließt«[73].

Der in der Aufklärung unternommene Versuch der Immanentisierung von ›Licht‹ kann deshalb auch als ein Aktualisierungs- oder Modernisierungsprozess der antiken Lichtmetaphorik begriffen werden. In der nachträglichen Analyse eines solchen Versuchs wird deutlich, dass in der Aufklärung das prinzipielle Problem des antiken Lichtparadigmas erkannt ist: die in Platons Licht-Modell implizit angelegte Tendenz zur Transzendenz. Durch die metaphorische Neubestimmung der Lichtquelle – in Form des Menschen allein – zeigt sich die in der Aufklärung erfolgende Transformation oder Umgestaltung des platonischen Licht-Modells besonders deutlich. Die Motivation für die Umformung der Lichtmetaphorik ist laut Sloterdijk »in einer Neufassung der Vorstellung vom Weltgrund selbst zu suchen«[74].

Diese Neufassung besteht darin, dass sich in der Aufklärung das Subjekt allein »zum Grund aller Gründe«[75] erklärt. Jene überweltliche »Zentralintelligenz«[76] (*agathon*) oder »alles durchwaltenden Zentralsonne«[77], die nach Sloterdijk so typisch für den vormodernen optischen Idealismus ist, wird von den meisten Aufklärern aufgrund ihrer überweltlichen oder transzendenten Verortung im antiken Modell abgelehnt. Sie kann deshalb auch nicht mehr länger als Lichtquelle oder, wie Sloterdijk es formuliert, als »Weltgrund«[78] in Betracht kommen. Für die Aufklärer soll metaphysisches und spekulatives Gedankengut kein Anrecht auf Wahrheit mehr haben. Philosophisch zulässige Aussagen sind in der Aufklärung an methodische Beweisführung gebunden. Hierfür kann eine von John Locke getroffene Aussage beispielhaft stehen: »Light, true light, in the mind is, or can be nothing else but the evidence of the truth of any proposition; and if it be not a self-evident proposition, all the light it has, or can have, is from the clearness and validity of those proofs upon

---

72 Ebd., S. 237.
73 Ebd., S. 344 ff.
74 Peter Sloterdijk, *Lichtung und Beleuchtung*, in: *Der ästhetische Imperativ*, S. 97.
75 Ebd., S. 99.
76 Ebd., S. 86.
77 Ebd., S. 89.
78 Ebd., S. 86.

which it is received. To talk of any other light in the understanding is to put ourselves in the dark.«[79]

Dieser Passage ist zu entnehmen, dass die Rede von einem anderen ›Licht‹ – als dem des im Subjekt liegenden (*light, true light, in the mind*) – irreführend ist. Überweltliche ›Lichter‹ werden in der Aufklärung als unzugänglich aufgefasst. Alles im Transzendenten ›angesiedelte‹, kann auch in Form luminöser Metaphern nicht mehr ›erleuchten‹. Ein alternatives Licht-Modell ist demnach in der Aufklärung vorzufinden: in diesem kann nur noch ›erhellen‹, was im Immanenten liegt. Die Funktion der ›Sonne‹ des vormodernen Licht-Modells übernimmt im neuen Licht-Modell der Aufklärung das Subjekt allein. Die Verstandes- und Vernunftkräfte des Menschen werden zur einzig legitimen Lichtquelle erklärt. Das Subjekt positioniert sich neu: es setzt sich sozusagen selbst an die Stelle der Sonne (*agathon*). In der Aufklärung versteht man darunter die Selbstermächtigung des Subjekts. Von Aufklärungs-Kritikern dagegen wird dieser Schritt hin und wieder als Hybris gewertet.

Während das vormoderne Licht-Modell im Einzelnen noch einem Drei-Pol-Modell entspricht, entwickelt sich dieses in der Moderne zu einem zweipoligen. Das bedeutet: Im vormodernen Drei-Pol-Modell steht die über das Sein hinausragende Sonne (*agathon*) im Zentrum, um von dort aus die Welt und das Subjekt als übermächtige Lichtquelle zu ›erleuchten‹. Sie sorgt im Modell – als Stellvertreterin der Wahrheit – mit ihren alles erleuchtenden Lichtstrahlen für Welt- und Selbsterkenntnis. Dank ihrer Kraft erschließt sich das wahre Sein der Welt dem metaphysisch ausgerichteten Denker im Vorgang der Wahrheits-Schau. Platon formuliert das wie folgt in der *Politeia*: »Wenn sich die Seele auf das stützt, worauf die Wahrheit und das Seiende leuchtet, dann kommt sie zu Einsicht und Erkenntnis. Wenn sie aber auf die Welt schaut, die mit dem Dunkel vermischt ist, die wird und vergeht, dann hat sie bloß Meinungen und wird blind.«[80] Damit geht ein weiterer Gedanke einher – nämlich der, dass sich der nach Erkenntnis strebende Philosoph für eine solche ›Schau der Wahrheit‹ einem ›Reinigungsprozess‹ (*katharsis*) zu unterziehen hat, bei dem sich seine intelligible ›Seele‹ von allem Weltlichen oder Sinnlichen ›entledigt‹. Erst dann kann die gesuchte Wahrheit (*aletheia*) ›empfangen‹ werden. Der platonische Philosoph bemüht sich demnach nicht nur mithilfe einer rein rationalistischen Ausrichtung um Wahrheit. Sie ›widerfährt‹ ihm vielmehr in einem Vorgang intelligiblen ›Schauens‹.

Das moderne Licht-Modell der Aufklärung stellt dagegen eine solche Annahme von der Schau der Wahrheit – mit der eben immer auch eine Form

---

79   John Locke, *An Essay Concerning Human Understanding*, 4. Buch, XIX. Kapitel, 13. Absatz.
80   Platon, *Politeia*, 508d.

des ›Empfangs‹ einhergeht – aufgrund der Nähe zu den religiösen Ideen von Auserwähltheit und Prophetie – in Frage. Hier kann erneut eine Aussage aus John Lockes *Essay* als Beleg herangezogen werden. In einem kurzen Abschnitt heißt es dort, nicht ganz frei von Ironie: »Good men are men still liable to mistakes, and are sometimes warmly engaged in errors, which they take for divine truths, shining in their minds with the clearest light.«[81]

Im Licht-Konzept der Aufklärung ist deshalb eine wie auch immer sich vorzustellende Zentralsonne ›wegrationalisiert‹. Übrig bleiben nur die Welt und das Subjekt als die einzigen zwei modelltheoretischen Pole. Für ›außerweltliche Lichtstrahlen‹ besteht also im Licht-Modell der Moderne kein Bedarf mehr. Wenn sich einzig das Subjekt in der Moderne als Lichtquelle versteht, ist damit die ›Umformung‹ der Lichtmetaphorik vollzogen.

Mit diesem einschneidenden Schritt – eine subjektunabhängige Lichtquelle in der Lichtmetaphorik zu tilgen – sind zwei Basis-Überlegungen in der modernen Licht-Konzeption verbunden: Einerseits ›strahlen‹ die rationalen Kräfte des Subjekts in Form szientifischer ›Ausleuchtungsprozesse‹ in ein ›dunkles Weltgeschehen‹ hinaus. Hierfür kann eine Formulierung von Nicolas Malebranche einschlägig stehen: »Daß wir den Verstand ohne Unterlass beschäftigen und ihn nicht eher von der emsigsten Untersuchung der Dinge ablenken, bis er alles vollkommen entwickelt und in ein so helles Licht gesetzt hat, daß es nun weiter keines Nachforschens bedarf.«[82] Es ist wichtig, an dieser Stelle darauf hinzuweisen, dass – in der Sprache des modernen Licht-Modells – die Welt als ›dunkel‹ vorgestellt wird, weil sie sich nicht von sich her zeigt – also unabhängig vom Subjekt.

Andererseits wird durch die Tilgung der Sonne (*agathon*) im modernen Licht-Modell dem Gedanken Vorschub geleistet, dass mithilfe methodischer Anleitung im Grunde ein jeder einen zentralen Standort einnehmen könne, um von dort aus theoretische Annahmen kritisch zu prüfen. Bei Blumenberg heißt es diesbezüglich: »Der Philosoph versetzt sich in das Zentrum der Sonne, um von dort die Phänomene durchzurechnen.«[83] Der zentrale Standort des rational und methodisch vorgehenden aufgeklärten Subjekts ersetzt im Licht-Modell demnach den Aspekt des Weltursprungs oder in Sloterdijks Worten den »Weltgrund«. Damit ist ein weiterer für die Moderne typischer Gedanke verbunden: Der ›zentrale Standort‹ wird zum Kriterium in der Beurteilung von wahren oder falschen Hypothesen.

---

81 John Locke, *An Essay Concerning Human Understanding*, 4. Buch, XIX. Kapitel, 12. Absatz.
82 Nicolas Malebranche, *Von der Erforschung der Wahrheit*, S. 39.
83 Hans Blumenberg, *Die Lesbarkeit der Welt*, S. 167.

Eine weitere, neu hinzukommende, Basis-Implikation des modernen Licht-Modells ist mit der Frage verbunden, wie sich Selbsterkenntnis innerhalb eines solch immanent gestalteten Modells vorzustellen sei? Da sich das lichtmetaphorische Modell der Aufklärer nur noch auf zwei Pole – also Welt und Subjekt – bezieht, ist es nicht mehr mit der in der Vormoderne paradigmatischen Vorstellung einer ›sich selbst darbietenden Wahrheit‹ kompatibel. Der Metapher der Schau kommt in der Aufklärung keine Bedeutung mehr zu. Die Konzeption des modernen Modells besagt deshalb, dass sich die Lichtquelle in ihrer ›Quellen-Funktion‹ in einer selbstreflexiven Wendung bewusst werden kann. Das Subjekt erkennt dann sozusagen, dass es selbst die ›Sonne‹ oder die ›Lampe‹ ist, die als grundsätzliche Bedingung der Möglichkeit von Licht, die Lichtstrahlen überall hin schickt, und demnach über reflektorische Prozesse auch auf sich selbst zurückwirft. Das Subjekt kann sich folglich seiner ›Lichterzeugungsfunktion‹ bewusst werden und vollzieht damit jene für die Moderne so wichtige transzendentale Wendung. Erst im Vollzug dieses erkenntnistheoretischen Schrittes kann sich der *Lumiere* auch als ein solcher, in authentischer Hinsicht, ausgeben: Unabhängig von transzendenten Wahrheitsvorstellungen aus vormodernen Zeiten ›erleuchten‹ die *Lumieres* nicht nur die Welt – in Form von naturwissenschaftlichen Ausleuchtungsprozessen – sondern zugleich immer auch sich selbst. Demnach ist nur all zu verständlich, warum Sloterdijk vom »Zeitalter der Licht-Penetranz«[84] spricht und Blumenberg den Aufklärer als den großen »Akteur des Lichts«[85] bezeichnet. ›Licht‹ avanciert in der Aufklärung zu einer Art ›Universalmittel‹ und gibt der ganzen Bewegung die Selbstbezeichnung gleich mit: *enlightenment*. Nach Sloterdijk wird ›Licht‹ in der Moderne zum »Instrument einer Praxis, die sich selbst hinreichend Aufklärung verschafft«[86]. Folgerichtig schreibt er, dass ›Licht‹ in der Aufklärung »entontologisiert«[87] ist. Wahrheit wird in der modernen Philosophie vom Subjekt allein erbracht. Verstand und Vernunft gelten – methodisch angeleitet – als die ausschließlich sicheren Mittel auf dem Weg der Wahrheitsfindung. Es kann hier auf Formulierungen Nicolas Male-branches und René Descartes' verwiesen werden, die dies exemplarisch zum ›Ausdruck‹ bringen.

Malebranche schreibt: »Der hingegen wird der Stimme der ewigen Wahrheit gehorchen, der den geheimen Aufforderungen seiner Vernunft nie untreu

---

84 Peter Sloterdijk, *Lichtung und Beleuchtung*, in: *Der ästhetische Imperativ*, S. 98.
85 Hans Blumenberg, *Licht als Metapher der Wahrheit*, in: *Ästhetische und metaphorologische Schriften*, S. 168.
86 Peter Sloterdijk, *Lichtung und Beleuchtung*, in: *Der ästhetische Imperativ*, S. 98.
87 Ebd., S. 97.

wird, welche auch dann stark genug sind, wenn man sich weigern wollte, das anzunehmen, was evident ist.«[88] Descartes geht es darum, »das natürliche Licht der Vernunft zu vermehren«[89].

Vor diesem Hintergrund lässt sich mit Berechtigung sagen, dass es ein *lumen rationale* oder *lumen intellectus* ist, das in der Aufklärung als legitim gilt. Durch dessen ›Leuchtkraft‹ soll Wahrheit gesichert werden. Blumenberg schreibt hierzu erläuternd: »Mit der Aufklärung rückt *Licht* in den Bereich des zu Leistenden; die Wahrheit verliert ihre natürliche facilitas, mit der sie von sich her sich durchsetzt.«[90] Wahrheit wird in der Aufklärung also nicht mehr wie noch im vormodernen Lichtmodell schauend empfangen, sondern mithilfe jenes im Subjekt allein liegenden ›Lichtes‹ erbracht. »Auf die natürliche Leuchtkraft des Wahren ist kein Verlaß«[91] – lautet Blumenbergs Befund der Moderne. Deshalb müsse der aufgeklärte Mensch ihr »mit gleichsam lichtzuführender Therapie aufhelfen«[92]. Kurzum: »Die Wahrheit zeigt sich nicht, sie muss gezeigt werden.«[93]

Damit ist die Idee einer neuen oder modern ausgerichteten philosophischen Arbeit verbunden. In dieser gilt der Vorsatz, altertümliche und vorurteilsbeladene Theorien hinter sich zu lassen, um fortan ausschließlich methodisch-selbstständig zu philosophieren. Autoritätsfreies Denken wird Blumenberg zufolge zur Norm der modernen Bewegung: »Den Kopf noch nicht voll haben von Vorwissen und damit von Vorurteilen.«[94] Für Denis Diderot scheint dieser neue methodische Ansatz von besonders herausragender Bedeutung zu sein, weshalb er diesem sogar einen eigenständigen Artikel – *Autorität in der Rede und der Schrift* – in der *Enzyklopädie* widmet.

Darin lassen sich kraftvolle und polemische Formulierungen auffinden, in denen sich das nicht gerade bescheidene neue Selbstbewusstsein der aufklärerischen Bewegung treffend ›ausdrückt‹: »Was liegt daran, daß andere ebenso wie wir gedacht haben oder anders, vorausgesetzt, daß wir nach den Regeln des gesunden Verstandes und gemäß der Wahrheit richtig denken? Es ist doch ziemlich gleichgültig, ob sie die gleiche Anschauung haben wie Aristoteles, vorausgesetzt, daß sie den Gesetzen des folgerichtigen Denkens entspricht. Diejenigen die nicht so viel Geistesgröße haben, um selbst zu

---

88   Nicolas Malebranche, *Von der Erforschung der Wahrheit*, S. 39.
89   René Descartes, *Regeln zur Ausrichtung der Erkenntniskraft*, S. 4.
90   Hans Blumenberg, *Licht als Metapher der Wahrheit*, in: *Ästhetische und metaphorologische Schriften*, S. 168.
91   Ebd., S. 169.
92   Ebd.
93   Ebd.
94   Hans Blumenberg, *Die Lesbarkeit der Welt*, S. 95 ff.

denken, begnügen sich mit fremden Gedanken und zählen die Stimmen.«[95] In einem anderen Artikel – *Philosophie* – der *Enzyklopädie* heißt es auch: »Das Ziel der Philosophie ist Gewißheit und alle Schritte streben auf dem Wege der Beweisführung darauf zu. Ein wahrer Philosoph sieht die Dinge nie durch fremde Augen.«[96] Am Ende dieses Artikels spricht Diderot zugespitzt von der für den Fortschritt der modernen Philosophie so hinderlichen »übertriebenen Ehrfurcht vor der Antike«[97].

Lichtmetaphorisch gesprochen kommen solche Gedanken – wie sie beispielsweise bei Diderot vorzufinden sind – auch innerhalb des neuen Licht-Modells ›zum Ausdruck‹. Die in den Verstandeskräften des Subjekts liegende eigenmächtige ›Leuchtkraft‹ soll im Prozess der Aufklärung auf eine neue und antiautoritäre Weise entdeckt werden. Die moderne Philosophie möchte die als ›dunkel‹ geltenden ontologisch-metaphysischen Spekulationen der Antike und des Mittelalters durch einen ›klar leuchtenden‹ Verstand überwinden. Diese These lässt sich vor allem in Johann Kreuzers Artikel *Licht* ausmachen. In diesem beschreibt er die Entwicklung der Lichtmetaphorik von der Antike bis zur Neuzeit. Er greift darin die schon von Blumenberg und Sloterdijk gekennzeichneten Motive auf, setzt den Akzent aber noch etwas deutlicher auf die ›Ausleuchtungsprozesse‹ des aufgeklärten Denkens. Laut Kreuzer wird *Licht* in der Aufklärung auch als ein metaphorisches Instrument der Ideologie-, Religions- und Metaphysikkritik eingesetzt.

Er schreibt diesbezüglich: »Licht wird zum Ort und zum Instrument der Durchdringung und Überwindung bloßer Einbildungen. Erneut wird Lichtwerdung zur Metapher für einen Erlösungs- und Befreiungsanspruch. Es wird zum Motor diskursiver Rationalität, die das Dunkel der alten Herrschaft auf- und abzulösen strebt.«[98] An dieser Stelle ist zu erwähnen, dass derartige Ansprüche der Moderne, wie sie hier beispielsweise von Kreuzer genannt werden – nämlich bloße Einbildungen zu überwinden, um fortan autoritäts- oder sogar traditionsfrei zu denken – in Blumenbergs Ausführungen gerne ironisiert werden: Blumenberg charakterisiert den Aufklärer beispielsweise als einen »jugendlichen Selbstdenker«[99] oder glaubt in der modernen Haltung einen »nach Selbstbestätigung drängenden Intellekt«[100] ausmachen zu können.

---

95 Denis Diderot, *Artikel aus Diderots Enzyklopädie*, S. 123.
96 Denis Diderot, *Philosophische und politische Texte aus der Encyclopédie*, S. 358 ff.
97 Ebd., S. 361.
98 Johann Kreuzer, *Licht*, in: *Wörterbuch der philosophischen Metaphern*, S. 224.
99 Hans Blumenberg, *Die Lesbarkeit der Welt*, S. 101.
100 Ebd., S. 163.

Sowohl Blumenbergs als auch Sloterdijks vertreten zudem die These, dass der Aufklärung ein weltgestalterischer Impetus innewohnt. Sloterdijk rückt diesen am deutlichsten in den Fokus und schreibt: »Die reale Welt liegt nun nicht mehr unter dem wie auch immer verschleierten ewigen Licht einer göttlichen Überwelt. An die Stelle einer autoritativen Ureinrichtung der Welt auf dem Grund einer Schöpfungsordnung tritt nun die Selbsteinrichtung der Welt durch die menschliche Praxis.«[101] Damit ist der Gedanke verbunden, dass die Selbstermächtigung des aufgeklärten Subjekts zugleich auch zu einer Art der ›Weltermächtigung‹ führt. Die Fortschrittsgläubigkeit, die der Aufklärung innewohnt, basiert auf der Idee, dass eine Welt voller mündiger *Lumieres* aktiv gestaltet werden könne. »Die neu-europäische Vernunft setzt auf die eigene erhellende Tat«[102] – stellt Sloterdijk weiter fest. »Aufklärung ist der Prozess, den die moderne Vernunft anstrengt, um Licht in die gesellschaftlichen und naturalen Zusammenhänge zu bringen. Man könnte sagen, das Licht wird aktiviert.«[103] Eine solche ›Aktivierung‹ von ›Licht‹ dient in der Moderne zugleich auch der Offenlegung philosophisch spekulativer Anstrengungen mithilfe rational-diskursiver Maßnahmen. Die meisten Aufklärer blicken mit Argwohn auf alles, was sich einer rationalen Durchdringung oder Ausleuchtung zu entziehen versucht.

Dazu gehören – laut Sloterdijk – vor allem jene metaphysischen Spekulationen, »die von einem sich gebenden oder offenbarenden Licht«[104] sprechen. Das führt ihn zu der folgenden Diagnose: »Nun soll niemand mehr im Namen einer höheren Einsicht von privilegierten Priesterintellektuellen hinters Licht geführt werden können. Darum werden Dunkelmänner vor die Schranken der Öffentlichkeit zitiert, Geheimpolitik wird durch Transparenzpolitik ersetzt, unbewusste Motive werden ans Licht des Bewusstseins gehoben.«[105]

Erneut kann hier auf John Lockes *Essay Concerning Human Understanding* verwiesen werden. In diesem lässt sich eine Textstelle auffinden, die Sloterdijks Ausführungen treffend belegt: »Immediate revelation being a much easier way for men to establish their opinions and regulate their conduct than the tedious and not always successful labour of strict reasoning, it is no wonder that some have been very apt to pretend to revelation, and to persuade themselves that they are under the peculiar guidance of heaven in their actions and opinions,

---

101 Peter Sloterdijk, *Lichtung und Beleuchtung*, in: *Der ästhetische Imperativ*, S. 97.
102 Ebd.
103 Ebd., S. 98.
104 Ebd., S. 97.
105 Ebd., S. 98.

especially in those of them which they cannot account for by the ordinary methods of knowledge and principles of reason [...] Their minds being thus prepared, whatever groundless opinion comes to settle itself strongly upon their fancies is an illumination from the Spirit of God, and presently of divine authority.«[106] Locke spricht im letzten Satz von *illumination from the Spirit of God*: Anhand dieser Formulierung kann abschließend noch einmal der lichtmetaphorische Unterschied zwischen dem Licht-Modell Platons und dem der Aufklärung verdeutlicht werden. Im platonischen Licht-Modell sorgt eine überweltliche oder im Transzendenten liegende Lichtquelle (*agathon*) für die alles erleuchtende Wahrheit. Darauf bauen die Illuminations-Theorien christlicher Denker auf, wie beispielsweise die Illuminations-Lehre des Augustinus, die in der Aufklärung abgelehnt werden. Das werden sie insbesondere deshalb, weil sie sich methodischer und rationaler Nachvollziehbarkeit entziehen: für Locke widersprechen sie *ordinary methods of knowledge and principles of reason*.

Eine *illumination from the Spirit of God* gilt aber nicht nur nach Locke für illegitim. Aufgrund der Nähe zu falscher Prophetie und Auserwähltheit gelten alle Formen von ›Erleuchtungen‹, die mit einer transzendenten Lichtquelle einhergehen, in der Aufklärung als hinfällig: derartige Lichtquellen können nichts und niemanden mehr ›erleuchten‹. Jedweder Illuminations-Gedanke, der sich am platonischen Paradigma orientiert, wird in der Aufklärung als unbrauchbar oder sogar als gefährlich klassifiziert.

Für den *Lumieres* ist Wahrheit deshalb ausschließlich nach methodischdiskursiven Maßgaben zu erbringen. Sie gilt konsequenterweise erst dann als ›luminös‹, wenn sie unter Zuhilfenahme eines *lumen rationale* intersubjektiv einsichtig gemacht werden kann. In einem Grundsatz von Descartes ist dies direkt und deutlich auszumachen: »Niemals eine Sache als wahr anzunehmen, die ich nicht als solche sicher und einleuchtend erkenne.«[107] Ein *lumen rationale* ist deshalb das wohl wichtigste kritische Vermögen in der Aufklärung. Dieses soll auf dem Weg zu einer Gesellschaft mündiger Bürger und einer methodisch ausgerichteten Wissenschaft kontinuierlich ›leuchten‹.

---

106 John Locke, *An Essay Concerning Human Understanding*, 4. Buch, XIX. Kapitel, 5. Absatz ff.
107 René Descartes, *Abhandlung über die Methode des richtigen Vernunftgebrauchs*, II. Kapitel, 7. Absatz.

KAPITEL 2

Die Kritik an der Lichtmetaphorik der Aufklärung

Die Besonderheiten der Lichtmetaphorik Berkeleys präsentieren sich in aller Deutlichkeit vor dem Hintergrund des Standard-Licht-Modells der Aufklärung. Obwohl auch Berkeley in seinen Schriften häufig von einem *light of reason* spricht, steht ein solches nicht auch im Zentrum seiner philosophischen Position. Im Immaterialismus ist dem *lumen rationale* die grundlegende Funktion entzogen, die ihm in der Licht-Konzeption der Aufklärung zukommt: die einzig legitime Licht-Quelle sein zu dürfen. Anstelle dessen setzt Berkeley von seinem Frühwerk an auf die »schlichten Eingebungen der Natur (*plain dictates of nature*)«[108]. In den *Drei Dialogen* erfährt der Immaterialist *Philonous* sein Auffassungsvermögen und Denken zu Beginn der Konversation mit *Hylas* durch derlei Eingebungen »strangely enlightened«[109].

Daraus wird hier die Schlussfolgerung gezogen, dass sich der Immaterialismus als eine philosophische Position verstehen lässt, in der eine indirekte Kritik an der rationalen Haltung des *Lumieres* geübt wird. Das ist zu explizieren: Den Annahmen Hans Blumenbergs lässt sich entnehmen, dass der *Lumiere* von einem prinzipiellen »Seinsmisstrauen«[110] geprägt wird. Er sei »misstrauisch gegen das, was sich leicht und unmittelbar ergibt«[111]. In diesem Zusammenhang spricht auch Peter Sloterdijk davon, dass es für die »Selbsterfahrung moderner Menschen«[112] spezifisch sei, »dass sie die Welt in Folge von Aufklärung und Fortschritt nicht nur heller, sondern auch zwielichtiger sehen«[113]. Werden derartige Annahmen auf den Immaterialismus bezogen, dann stellt sich heraus, dass diese nicht zutreffen sind. In seinem gesamten Werk geht Berkeley nie so weit, den von Sloterdijk, Blumenberg und Kreuzer vorgezeichneten ›Bild‹ des *Lumieres* Folge zu leisten.

Deshalb finden die in diesem Teil der Arbeit präsentierten Analyseergebnisse ihren Zusammenhalt in der These, dass sich bereits im Immaterialismus ein »Redigieren der Moderne«[114] ankündigt: Berkeley arbeitet sich an dem für

---

108 George Berkeley, *Drei Dialoge*, S. 10.
109 George Berkeley, *Works II*, S. 172.
110 Hans Blumenberg, *Paradigmen zu einer Metaphorologie*, S. 47.
111 Ebd., S. 44.
112 Peter Sloterdijk, *Lichtung und Beleuchtung*, in: *Der ästhetische Imperativ*, S. 99.
113 Ebd.
114 Jean-FrançoisLyotard, *Die Moderne redigieren*, in: *Das Inhumane*, S. 37.

die Moderne einschlägigen Paradigma eines *lumen rationales* ab; aber nicht um es zu wiederholen, sondern um es neuzuschreiben.

Dass die Moderne »in sich einen Antrieb enthält, sich selbst in Hinblick auf einen von ihr unterschiedenen Zustand zu überschreiben (*réécrire*)«[115], entstammt den Überlegungen Jean-François Lyotards. Im Originalwortlaut verwendet Lyotard anstelle des deutschen Verbs *überschreiben* das französische *réécrire*. Doch für dieses gibt es kein exaktes Pendant im Deutschen. Am ehesten trifft es noch das englische Verb *to rewrite*. Wenn hier dennoch auf die deutschen Verben *redigieren, überschreiben* oder auch *umarbeiten* ausgewichen wird, so ist dabei zu beachten, dass in diesen immer zwei Bedeutungen mitzudenken sind: Es handelt sich beim Redigieren sowohl um ein Umschreiben als auch um ein Neuschreiben. Beide Momente gehen im Redigieren miteinander einher.

Auf den Immaterialismus bezogen besagt das in zusammengefasster Form nicht mehr und nicht weniger, als dass Berkeley die Idee eines *light of reason* ausschließlich als redigierte in die eigene Theorie aufnimmt. Er überarbeitet »einige Charakterzüge, die die Moderne für sich in Anspruch genommen hat«[116]. Dazu gehört allem voran die »Anmaßung der Moderne, ihre Legitimation auf das Projekt zu gründen, die ganze Menschheit durch Wissenschaft und Technik zu emanzipieren«[117]. Der Immaterialismus lässt sich demnach als ein Paradebeispiel anführen, um die Behauptung Lyotards zu bestätigen: »Das Redigieren einiger Charakterzüge, die die Moderne für sich in Anspruch genommen hat, ist schon seit langem in der Moderne selbst am Werk.«[118]

Das lässt sich folgendermaßen belegen: Unter Bezugnahme auf die Ausarbeitungen Hans Blumenbergs und Peter Sloterdijks kann es für das Standard-Licht-Modell der Aufklärung als bezeichnend angesehen werden, dass der *Lumiere* ein *lumen rationale* zur einzig legitimen Lichtquelle ernennt. »Das aufgeklärte Individuum duldet keine andere Lichtquelle neben sich.«[119] Einem vorgefundenen – natürlichen – ›Licht‹ kommt im Standard-Licht-Modell der Aufklärung deshalb prinzipiell die Funktion der Irreführung zu.[120] Auf die

---

115 Ebd., S. 38.
116 Ebd., S. 47.
117 Ebd.
118 Ebd.
119 Peter Sloterdijk, *Lichtung und Beleuchtung*, in: *Der ästhetische Imperativ*, S. 99.
120 Hans Blumenberg, *Licht als Metapher der Wahrheit*, in: *Ästhetische und metaphorologische Schriften*, S. 169.

2 DIE KRITIK AN DER LICHTMETAPHORIK DER AUFKLÄRUNG

»natürliche Leuchtkraft des Wahren ist kein Verlaß«[121], schreibt Blumenberg mit Bezug auf die Lichtmetaphorik der Aufklärung.

Das von den *Lumieres* bevorzugte *lumen rationale* kann folglich nirgendwo sonst als im ›Inneren‹ des Subjekts liegen. Von dort aus strahlt es in eine als ›dunkel‹ vorgestellte Welt. Diese gilt es unter Zuhilfenahme von diskursiver Methodik in aktiver Weise ›auszuleuchten‹. In der Sprache des Standard-Licht-Modells der Aufklärung wird wissenschaftliches Arbeiten deshalb mit »lichtzuführender Therapie«[122] gleichgesetzt. Das macht sich in der Moderne in sämtlichen Wissenschaftsgebieten bemerkbar, in denen laut Blumenberg das folgende Motto vorherrschend ist: »Alles ist Erwerb und nichts mehr Geschenk.«[123]

Die *Lumieres* gehen demnach davon aus, dass die Natur offensiv ›durchleuchtet‹ werden müsse. Das ist vonnöten, um dieser ein brauchbares Wissen ›abringen‹ zu können. Blumenbergs Ausführungen nach besteht »das Geheimnis der neuen Wissenschaft darin, der Natur die Mittel zu entnehmen, mit denen Macht über sie ausgeübt wird«[124]. Deshalb versuche sich der *Lumiere* von aller Natürlichkeit zu lösen.[125] Diesbezüglich bloßstellende Wendungen lassen sich beispielsweise in Immanuel Kants Vorrede zur zweiten Auflage der *Kritik der reinen Vernunft* auffinden. Um die Natur überhaupt ›zum Sprechen zu bringen‹, müsse sie angeblich zum ›Verhör‹ genötigt werden.

Im Immaterialismus wird dagegen die ›Natürlichkeit der Wahrheit‹ betont. Berkeley zufolge sei es das »Klügste, der Natur zu folgen«[126]. Die »Eingebungen der Natur«[127] können uns nicht täuschen. Aus derlei Aussagen lässt sich eine implizite Licht-Kritik am Standard-Licht-Modell der Aufklärung ableiten. Die Haltung des *Lumieres* ist genau deshalb zu kritisieren, weil sich in ihr ein Verhältnis zur Welt ›offenbart‹, das dem sich im Immaterialismus ›ausdrückenden‹ diametral gegenübersteht: Der *Lumiere* begreift sich selbst als von der ›natürlichen Welt losgelöst‹. Dagegen wird im Immaterialismus die Einheit von Subjekt und Natur fokussiert: Das Subjekt wird von Berkeley als ein ›unablösbarer Teil der Natur‹ gedacht.

Was damit gemeint ist, lässt sich anstelle von ›Licht‹ noch viel besser mit einer anderen Metapher spezifizieren: der des Eintauchens. In Berkeleys letzter Veröffentlichung – der *Siris* – kann hierfür eine spezifische Stelle

---

121 Ebd.
122 Ebd.
123 Hans Blumenberg, *Paradigmen zu einer Metaphorologie*, S. 38.
124 Hans Blumenberg, *Die Lesbarkeit der Welt*, S. 89.
125 Hans Blumenberg, *Paradigmen zu einer Metaphorologie*, S. 42.
126 George Berkeley, *Drei Dialoge*, S. 108.
127 Ebd., S. 10.

ausgemacht werden. Berkeley schreibt: »While we sit still we are never the wiser, but going into the river, and moving up an down, is the way to discover its depths and shallows.«[128] Um zu verdeutlichen, warum sich gerade in diesen rätselhaften Formulierungen ein zum Standard-Licht-Modell der Aufklärung alternativer Daseinsstil Ausdruck verschafft, hilft es sich zu vergegenwärtigen, dass schon in der Antike eine Nähe »zur Implikation des Flusses (*fluere*) in der Lichtsprache zutage tritt«[129]. Nach Blumenberg gibt es nicht nur eine »lautliche, sondern auch eine bildliche Affinität von lumen und flumen«[130], die in der Geschichte der Philosophie kaum auseinander zu halten sei. Deshalb ist es nicht abwegig, wenn man sich auf der Suche nach einer passenden Darstellung eines ›eingetauchten‹ oder ›immersiven‹ Verhältnisses zur Welt auch in der gegenwärtigen philosophischen Forschung umschaut. Eine der treffendsten Beschreibungen – man mag es kaum glauben – lässt sich in einem 2016 veröffentlichten Buch über die Philosophie der Pflanzen finden.

In *Die Wurzeln der Welt* schreibt Emanuele Coccia: »Für ein eingetauchtes Wesen enthält die Welt – die eingetauchte Welt – nicht eigentlich wahre Objekte. In ihr ist alles fließend, alles existiert in der Bewegung, mit, gegen, oder im Subjekt. Sie definiert sich als Element oder Fließen, das sich dem Lebendigen, selbst fließend oder Teil eines Fließens, annähert, sich davon entfernt oder es begleitet. Ein Universum, das eigentlich *ohne Ding* ist, ein riesiges Feld voller Ereignisse unterschiedlicher Intensität. Wenn aber das In-der-Welt-Sein ein *Eintauchen* ist, dann sind Denken und Handeln, Wirken und Atmen, Bewegen, Schöpfen, Spüren untrennbar, weil ein eingetauchtes Wesen nicht den gleichen Bezug zur Welt hat wie ein Subjekt zu einem Gegenstand, sondern wie eine Qualle zum Meer, das sie erst sein lässt, was sie ist. Zwischen uns und dem Rest der Welt besteht kein materieller Unterschied.«[131] Darauf zielt nun passgenau der immaterialistische Daseinsstil: In diesem kommt ein nicht minder eingetauchtes Weltverhältnis zum Vorschein. Im Grunde genommen versucht Berkeley vor allem in seiner *Siris* zumindest anzudeuten, was Coccia explizit ausspricht: »Die Welt als Eintauchen zu betrachten, wirkt wie ein surrealistisches kosmologisches Modell, und doch machen wir diese Erfahrung häufiger, als man meinen möchte.«[132] Dieser Textpassage lässt sich entnehmen, was es heißt, ›quallenartig‹ in die Welt

---

128 George Berkeley, *Works V*, S. 164.
129 Hans Blumenberg, *Licht als Metapher der Wahrheit*, in: *Ästhetische und metaphorologische Schriften*, S. 158.
130 Ebd., S. 159.
131 Emanuele Coccia, *Die Wurzeln der Welt*, S. 48 ff.
132 Ebd.

›eingetaucht‹ zu sein: Eine Trennung von Subjekt und Objekt ist dann nahezu aufgehoben.

Trotz dieses, zur Metaphorik eines *lumen rationale*, diametralen Verhältnisses zur Welt ist der Immaterialismus keine anti-aufklärerische Philosophie. Auch im Immaterialismus tauchen typische Motive der Aufklärung auf. Das wohl wichtigste dürfte sein, selbstbestimmt und frei von Autoritäten zu denken und zu handeln. Im *Tagebuch* notiert Berkeley einen für seine frühen Schriften charakteristischen Gedanken: »But one thing, I know, I am not guilty of. I do not pin my faith on the sleeve of any great man. I act not out of prejudice & prepossession. I do not adhere to any opinion because it is an old one, a receiv'd one, a fashionable one, or one that I have spent much time in the study and cultivation of.«[133]

Zudem ist darauf hinzuweisen, dass in Berkeleys Annahmen bezüglich einer ›Erleuchtung‹ durch »Eingebungen der Natur« nicht auf eine im Transzendenten liegende Lichtquelle verwiesen wird. Gemeint ist damit nur, dass sich Berkeley ›die Welt‹ – im Gegensatz zum Standard-Licht-Modell der Aufklärung – nicht im Dunkeln liegend vorstellt. Während nämlich die *Lumieres* davon ausgehen, dass es eine ›dunkle Welt‹ ist, die unter Zuhilfenahme eines *lumen rationale* mit szientifischen Mitteln ›auszuleuchten‹ ist, wird die Welt im Immaterialismus als Lichtquelle angesehen. Weil aber Subjekt und Welt im Immaterialismus nicht als voneinander abtrennbare Pole, sondern als Einheit begriffen werden, stehen Subjekt und Welt immer gleichermaßen im ›Licht‹. Erst wenn versucht wird, diese Verbindung durch ›künstliche Maßnahmen‹ aufzuheben, stellt sich im Sinne der Lichtmetaphorik Berkeleys ›Dunkelheit‹ ein.

Zu betonen ist deshalb, dass sich Berkeley – in typisch aufklärerischer Weise – ausschließlich an einem zweipoligen Licht-Modell orientiert. Dieses besteht im Immaterialismus allerdings aus einem als Einheit zu denkenden Subjekt- und Welt-Pol. Daraus wird hier die Schlussfolgerung gezogen, dass die Lichtmetaphorik in Berkeleys Schriften nicht dazu dient, auf einem im Transzendenten liegenden Bereich zu verweisen, wie es etwa im platonischen Licht-Modell der Fall ist. Unter anderem in seinem *Tagebuch* äußert Berkeley explizit, dass er metaphysisches Gedankengut beseitigen möchte. In Form einer Erinnerungsnotiz vermerkt er dort: »Denke daran, Metaphysik auf ewig zu verbannen und die Menschen zum gesunden Menschenverstand zurückzuführen.«[134] Beispielsweise aus dieser Notiz lässt sich mit Berechtigung ableiten, dass ›Licht‹ im Immaterialismus nicht dafür vorgesehen sein kann,

---

133 George Berkeley, *Tagebuch*, 465.
134 George Berkeley, *Tagebuch*, 751.

lichtmetaphysische Gedanken zu bemühen. Auch Berkeley unternimmt in seinen Schriften den Versuch, ›Licht‹ von jenem ›platonischen Erbgut‹ zu befreien, dass nach Hans Blumenberg immer eine implizite Tendenz zur Transzendenz aufweist.

Demnach besteht eine beachtliche Parallele zu der in der Aufklärung standardisierten Lichtmetaphorik: Es kann gesagt werden, dass sich auch Berkeley an den für die Aufklärung kennzeichnenden ›Umformungsprozessen‹ der Lichtmetaphorik beteiligt: nämlich ›Licht‹ vollständig zu immanentisieren. Allerdings weicht die von Berkeley verwendete Lichtmetaphorik auch in einem entscheidenden Punkt vom Standard-Licht-Modell der Aufklärung ab: Im Immaterialismus steht die Lichtmetaphorik nicht mehr ausschließlich im Dienste rationaler und szientifischer ›Durchleuchtungsprozesse‹. Das ist fortan zu erläutern.

2.1 Das Phänomen des Bewusstseins widersetzt sich diskursiver Methodik

Im Standard-Licht-Modell der Aufklärung verbirgt sich das Bedürfnis, ein als gesichert geltendes Wissen durch ein *lumen rationale* eigenständig im Erkenntnisprozess erbringen zu wollen. Die für den *Lumiere* maßgebende Methodenidee basiert ausschließlich auf Rationalität: Es ist die Ratio, die ›vorschreibt‹ welche Mittel auf dem Weg zur Hervorbringung von legitimen Erkenntnissen zu wählen sind. Damit geht der epistemologische Gedanke einher, dass ein propositionales Wissen einsichtig zur Darstellung gebracht sein muss. Deshalb wird die Metaphorik der Einsicht in der Aufklärung auf einen rationalen Nachvollzug reduziert. Als hinfällig gelten alle Behauptungen, die sich der rationalen Nachvollziehbarkeit zu entziehen versuchen: Es kehrt, so bemerkt es Johann Kreuzer treffend, »Parmenides' Anspruch, dass es allein das Licht des Denkens ist, welches sicheres Wissen bietet, mit allem Pathos wieder«[135]. Einer Äußerung John Lockes kann das besonders deutlich entnommen werden: »Light, true light, in the mind is, or can be nothing else but the evidence of the truth of any proposition; and if it be not a self-evident proposition, all the light it has, or can have, is from the clearness and validity of those proofs upon which it is received. To talk of any other light in the understanding is to put ourselves in the dark.«[136]

---

135 Johann Kreuzer, *Licht*, in: *Wörterbuch der philosophischen Metaphern*, S. 224.
136 John Locke, *An Essay Concerning Human Understanding*, 4. Buch, XIX. Kapitel, 13. Absatz.

2 DIE KRITIK AN DER LICHTMETAPHORIK DER AUFKLÄRUNG

George Berkeley strebt dagegen eine weniger spezifische Auffassung von Erkenntnis und Einsicht an. Im *Tagebuch* vermerkt er beispielsweise, dass er in seinen Veröffentlichungen mit einem sehr weit gefassten Erkenntnisbegriff operiert. Er notiert sich: »Ankündigung, unsere Erkenntnis auszudehnen.«[137] Wie noch aufzuzeigen sein wird, geht damit einher, dass Berkeley den im Standard-Licht-Modell auf diskursive Einsichtigkeit begrenzten Erkenntnisbegriff zu öffnen versucht. Und zwar für Methoden der Selbstwahrnehmung: Berkeleys Schriften lässt sich der Gedanke entnehmen, dass der Erkenntnisbegriff auch auf nicht-propositionale Formen des Gewahrens ausgedehnt werden soll.

Dieses Ziel wird im Immaterialismus unter anderem aus dem folgenden Grund verfolgt: Phänomenale Gewissheiten oder rein intuitive Einsichten finden im lichtmetaphorischen Leitbild der Aufklärung keinerlei Berücksichtigung. Ein auf Diskursivität ausgerichtetes *lumen rationale* lässt sich, in konzeptueller Hinsicht, nicht mit dem Gedanke von nicht-diskursiven Einsichten in Übereinstimmung bringen. Der Meinung Hans Blumenbergs nach wird die Aufklärung nämlich von einem »zunehmenden Übergewicht«[138] diskursiver Methodik dominiert. Für Berkeley wird das zu einem Problem: Seine Ansichten über den Geist (*mind*) lassen sich nicht vollständig durch diskursive Beweisführungen einsichtig machen. Berkeleys *philosophy of mind* basiert vor allem auf Erfahrung. Um ›Einsicht‹ in die Auffassung Berkeleys – *mind* sei ein *active principle* – zu erhalten, bedarf es nicht rational-methodischer ›Beleuchtungsarbeit‹, sondern eines bewussten Gewahrens seiner selbst. Deshalb ist die Einsichts-Metaphorik des Immaterialismus von der im standardisierten Licht-Modell zu unterscheiden: Im Immaterialismus meint ›Einsicht‹ mehr als den rationalen Nachvollzug von Propositionen: Berkeley bezieht sich mit der Licht- und Einsichtsmetaphorik in seinen Schriften weniger auf Rationalität als vielmehr auf ein intuitives und sensualistisches Gewahren.

Im Standard-Licht-Modell der Aufklärung werden die Vermögen des Geistes (*mind*) in einem *lumen rationale* gebündelt: »Light, true light, in the mind is, or can be nothing else but the evidence of the truth of any proposition«[139] – propagiert Locke in völliger Übereinstimmung mit dem Standard-Modell. In diesem dominieren weder Gefühl noch Intuition, sondern allein Rationalität: Das ›Licht des Verstandes‹ hat das Wahrscheinliche vom Wahren in methodischen Prozessen zu trennen. Diesbezüglich bemerkt Hans Blumenberg: »Die Lichthaftigkeit des menschlichen Geistes zeigt sich gerade daran,

---

137   George Berkeley, *Tagebuch*, 679.
138   Hans Blumenberg, *Die Lesbarkeit der Welt*, S. 96.
139   John Locke, *An Essay Concerning Human Understanding*, 4. Buch, XIX. Kapitel, 13. Absatz.

daß eine Analyse und ihr nachfolgende Ausschaltung von Verdunkelungen und Fehlleistungen dieses Lichts als die neue Aufgabe der philosophischen Methode begriffen wird.«[140]

Doch für Berkeley sind die in der Aufklärung für so sicher gehaltenen diskursiven Verfahrensweisen eines *lumen rationale* nicht minder fehlbar. In seinen *Prinzipien* schreibt er deshalb: »Sobald wir uns über die Sinne und die natürlichen Neigungen erheben, um dem Licht eines höheren Prinzips zu folgen; um durch Nachdenken und vernünftige Überlegung das Wesen der Dinge zu ergründen, macht sich in unserem Geist tausendfacher Zweifel hinsichtlich eben der Dinge breit.«[141]

Den lichtmetaphorischen Implikationen des Standard-Licht-Modells der Aufklärung lässt sich hingegen entnehmen, dass die philosophische Arbeit ausschließlich auf rationale oder vernünftige Operationen beschränkt ist. Konsequenterweise schreibt Denis Diderot in der *Enzyklopädie*: »Die Vernunft bestimmt den Philosophen.«[142] Der Philosoph »sucht den Weg in der Nacht, aber ihm leuchtet eine Fackel voraus«[143]. Für Diderot heißt »Philosoph sein, daß man feste Prinzipien besitzt, vor allem aber eine gute Methode, um die Tatsachen zu erklären und aus ihnen richtige Konsequenzen zu ziehen«[144]. Der »vernünftige Begriff der Philosophie« besteht für Diderot darin, dass »der Philosophie Ziel Gewissheit ist«[145]. Um Gewissheit zu erreichen, müssen »alle Schritte auf dem Wege der Beweisführung darauf zustreben«[146]. Nach Diderot bedeutet Gewissheit deshalb nichts anderes, als die Erbringung diskursiver Beweise durch ein *lumen rationale* oder *lumen intellectus*. Das entspricht auch der Meinung Jean-François Marmontels. Dieser präzisiert das rationalistische Leitbild der Aufklärung im Artikel *Kritik in den Wissenschaften* der *Enzyklopädie*: »In den menschlichen Kenntnissen beweist ein Philosoph das, was er beweisen kann, glaubt das, was ihm bewiesen wird, verwirft das, was ihm widerstrebt, und enthält sich des Urteils über alles übrige.«[147] Laut Marmontel habe eine Wahrheit solange zu warten, bis »die Vereinigung ihrer Elemente« vor Augen geführt werden könne.[148]

---

140 Hans Blumenberg, *Licht als Metapher der Wahrheit*, in: *Ästhetische und metaphorologische Schriften*, S. 167.
141 George Berkeley, *Prinzipien der menschlichen Erkenntnis*, Einführung § 1.
142 Denis Diderot, *Philosophische und politische Texte aus der Encyclopédie*, S. 343.
143 Ebd., S. 344.
144 Ebd., S. 359.
145 Ebd., S. 358.
146 Ebd.
147 Jean-François Marmontel, *Kritik in den Wissenschaften*, in: *Artikel aus Diderots Enzyklopädie*, S. 277.
148 Ebd.

2 DIE KRITIK AN DER LICHTMETAPHORIK DER AUFKLÄRUNG

Der Immaterialismus ist dagegen keine Philosophie in der davon ausgegangen wird, dass Gewissheit ausschließlich durch rationale Methodik zu finden sei. Im Gegensatz zu der Meinung Marmontels gibt sich der Immaterialismus nicht als eine Theorie des »methodischen Zweifelns«[149] zu erkennen. Weder ein solches Zweifeln, noch rationale Anstrengungen allein führen Berkeley zufolge zur Entdeckung der »Prinzipien der menschlichen Erkenntnis«[150]. Deshalb schreibt Berkeley im *Tagebuch*: »Eine gewisse Art von Unkenntnis ist bei einer Person notwendig, wenn sie das Prinzip entdecken soll.«[151] Zudem ermahnt er sich selbst: »Ich darf nicht mit der Aussicht auf viel Beweis auftreten.«[152] Zusätzlich notiert er sich noch: »Ich stimme dem nicht zu, was Locke behauptet, nämlich daß Wahrheit in der Verbindung und Trennung von (sprachlichen, M. H.) Zeichen besteht.«[153]

Derartige Einträge des *Tagebuchs* führen zu der These, dass Berkeley seine philosophischen Ansichten nicht vollständig unter Zuhilfenahme eines *lumen rationale* ›Vor-Augen-Führen‹ kann. Nicht etwa grundlos gehört es zu einem seiner Ziele, »unbeeinflußt vom trügerischen Wesen der Sprache über die ersten Prinzipien der Erkenntnis Klarheit«[154] gewinnen zu wollen. Doch wie sollte sich dieses Ziel, in konzeptueller Hinsicht, mit den Implikationen der Metaphorik eines *lumen rationale* verbinden lassen? Im Standard-Licht-Modell der Aufklärung kann Erkenntnis gerade erst durch ein *lumen rationale* generiert werden: Das ›Licht des Verstandes‹ diktiert den Maßstab aller Evidenzen. Allein mit einem solchen ›Licht‹ ist Wahrheit ›Vor-Augen-Zu-Führen‹. Deshalb muss ein durch das *lumen rationale* legitimiertes Wissen auf sprachlichen Zeichen basieren. Es lässt sich kein propositionales Wissen ohne Sprache erzeugen.

Das scheint auch Berkeley bewusst zu sein. Im *Tagebuch* schreibt er: »Wörter (mit ihnen sind alle Arten von Zeichen gemeint) sind so notwendig, daß sie (wenn man sie richtig gebraucht) statt für den Fortschritt der Erkenntnis schädlich oder ein Hindernis für die Erkenntnis zu sein, – daß es ohne sie selbst in der Mathematik keinen Beweis geben könnte.«[155] Allerdings ist diese Notiz mit erheblichen Einschränkungen belegt und wird von Berkeley auch wieder relativiert. Etwa dann, wenn er schreibt: »Soweit wie wir in einer Beweisführung ohne die Hilfe von Zeichen gehen können, haben wir

---

149 Ebd.
150 George Berkeley, *Prinzipien der menschlichen Erkenntnis*, Einführung § 25.
151 George Berkeley, *Tagebuch*, 285.
152 Ebd., 858.
153 Ebd., 554.
154 George Berkeley, *Prinzipien der menschlichen Erkenntnis*, Einführung § 25.
155 George Berkeley, *Tagebuch*, 750.

sichere Erkenntnis.«[156] Berkeley zufolge gibt es Phänomene, die sich begrifflicher Definitionen und diskursiver Methodik verwehren. Hierzu zählt er das Phänomen des Bewusstseins (*mind*). Dieses entziehe sich unter anderem der definitorischen Eindeutigkeit. Diesbezüglich notiert er im *Tagebuch*: »Die Unmöglichkeit, die meisten Dinge zu definieren oder klar zu behandeln geht vielleicht ebenso aus der Fehlerhaftigkeit und Unzulänglichkeit der Sprache hervor wie aus der Dunkelheit und Verworrenheit des Denkens.«[157] Dem fügt Berkeley noch hinzu: »Von daher kann ich vielleicht meine eigene Seele (*mind*) klar und vollständig verstehen, ohne in der Lage zu sein, sie zu definieren.«[158]

Interessanterweise kennzeichnet Berkeley in diesem Tagebucheintrag Operationen des Denkens nicht als ›hell‹, sondern als ›dunkel‹. Diese Feststellung ist allerdings nicht nur im *Tagebuch*, sondern auch in anderen Passagen seines Werkes zu finden. Bereits in seiner ersten Schrift, dem *Versuch über eine neue Theorie des Sehens*, lässt sich eine ähnliche lichtmetaphorische Formulierung auffinden: Berkeley vertritt die Ansicht, dass der Sprachgebrauch geeignet sei, eine gewisse »Dunkelheit und Verwirrung« zu verursachen.[159] In den *Prinzipien der menschlichen Erkenntnis* und den *Drei Dialogen* können weitere lichtmetaphorische Aussagen aufgefunden werden, die mit dieser Passage aus seiner *neuen Theorie des Sehens* direkt zusammenhängen. Diese münden in der metaphorischen Aussage, dass Worte dazu in der Lage seien, hinters Licht zu führen.

Beispielsweise in den *Prinzipien* schreibt Berkeley: »Und einmal mehr beschwöre ich den Leser, seine eigenen Gedanken auszuloten, und sich nicht durch Worte hinters Licht führen zu lassen.«[160] Zu fragen ist fortan, was es mit derartigen Aussagen auf sich haben könnte?

Allem Anschein nach ist Berkeley davon überzeugt, dass Worte genau dann ›hinters Licht führen‹, wenn mit diesen der philosophische Versuch unternommen werden soll, das Phänomen des Bewusstseins (*mind*) erklären oder unmissverständlich beschreiben zu wollen. Deshalb wird er in seinem gesamten Werk nicht müde, immer wieder darauf hinzuweisen, dass man *mind* mit einer metaphernfreien Sprache nicht beizukommen vermag. Man ist zwangsläufig auf Metaphorik angewiesen, wenn man über den Geist (*mind*) sprechen möchte. Das allerdings birgt für Berkeley die Gefahr in sich, dass der Geist (*mind*) hypostasiert werden kann. In einer Passage aus dem

---

156   Ebd., 693.
157   Ebd., 178.
158   Ebd.
159   George Berkeley, *Versuch über eine neue Theorie des Sehens*, § 120.
160   George Berkeley, *Prinzipien der menschlichen Erkenntnis*, § 45.

2 DIE KRITIK AN DER LICHTMETAPHORIK DER AUFKLÄRUNG

Tagebuch lässt sich das besonders deutlich ausmachen: »Der große Fehler ist, daß wir meinen, wir hätten Vorstellungen von den Handlungen unseres Geistes (*mind*). Sicher ist jene metaphorische Einkleidung ein Argument. Wir haben sie nicht.«[161] In den *Drei Dialogen* schreibt Berkeley zudem: »Werden doch die meisten geistigen Tätigkeiten mit Worten bezeichnet, die von Haus aus sinnlichen Dingen zugeordnet sind, was sich klar an Ausdrücken wie begreifen, reflektieren, abwägen zeigt, die, auf den Geist bezogen, nicht in ihrem handfesten ursprünglichen Sinn verstanden werden dürfen.«[162] Aus derartigen Textstellen lässt sich die Schlussfolgerung ziehen, dass Berkeley ein Problembewusstsein für genau diese Sachlage in der *philosophy of mind* zu schaffen versucht: Der Geist (*mind*) kann nicht angemessen durch Worte repräsentiert werden, weil diese »von sinnlichen Dingen« herstammen. Das Nichtphysische lässt sich nur in der Sprache des Physischen konzeptualisieren. Kurzum: »All speech concerning the soul is altogether, or for the most part, metaphorical«[163] – konstatiert Berkeley in seiner letzten Veröffentlichung.

Weit nach Berkeleys Lebzeiten verweist beispielsweise auch Franz Kafka auf diesen Umstand. Er protokolliert: »Die Sprache kann für alles außerhalb der sinnlichen Welt nur andeutungsweise, aber niemals auch nur annähernd vergleichsweise gebraucht werden, da sie entsprechend der sinnlichen Welt nur vom Besitz und seinen Beziehungen handelt.«[164] Darauf wird mit aller Dringlichkeit allerdings auch schon im Immaterialismus aufmerksam gemacht. So etwa auch, wenn Berkeley schreibt: »Nicht-sinnlich-wahrnehmbare Dinge und ihre Zustandsbestimmungen, Umstände usw. werden zum größten Teil durch Worte ausgedrückt, die von sinnlich wahrnehmbaren Dingen geborgt sind.«[165]

An dieser Stelle ist darauf zurückzukommen, dass derartige Feststellungen, wie sie hier von Berkeley oder auch Kafka vorgetragen werden, keinerlei Beachtung in dem auf reine Diskursivität und terminologische Eindeutigkeit angelegten Wissenschaftsideal der Aufklärung finden. Wie Blumenberg nämlich feststellt, sei die Metaphorik der Klarheit und Deutlichkeit – wie sie von Descartes im *Discours de la Méthode* (»clare et distincte«[166]) auf den Weg gebracht wird – in der Moderne nur noch auf rein begriffliche Aussagen bezogen: »Die Ausdrücke ›klar‹ und ›deutlich‹ gehören zur für die Neuzeit

---

161 George Berkeley, *Tagebuch*, 176a.
162 George Berkeley, *Drei Dialoge*, S. 113.
163 George Berkeley, *Works V*, S. 89.
164 Franz Kafka, *Er – Aufzeichnungen aus dem Jahre 1920*, in: *Beim Bau der Chinesischen Mauer*, S. 162.
165 George Berkeley, *Tagebuch*, 176.
166 René Descartes, *Abhandlung über die Methode des richtigen Vernunftgebrauchs*, II. Kapitel, 7. Absatz.

maßgebenden cartesischen Qualifikation zunächst der Vorstellung, dann des Begriffs.«[167] Doch im Immaterialismus wird prinzipiell daran gezweifelt, dass man das Phänomen des Bewusstseins (*mind*) terminologisch angemessen und demnach unmissverständlich ›erfassen‹ könne: Weder lässt sich der Geist (*mind*) eindeutig definieren, noch kann dessen Funktionsweise in einer metaphernfreien Sprache beschrieben oder erklärt werden. Das Phänomen des Bewusstseins (*mind*) ›entzieht‹ sich, Berkeleys Ansichten nach, dem Begriffs-Ideal der Aufklärung, das Hans Blumenberg treffend als »das Ideal der Vollendung der Terminologie«[168] typisiert. Dem fügt er noch hinzu: »Bei Erreichung dieses Ideals wäre der Endzustand einer philosophischen Sprache als ein rein begrifflicher im strengen Sinne gegeben.«[169]

Wenn Berkeley also darauf aufmerksam macht, dass es Phänomene wie etwa das Bewusstsein gibt, das sich einem solchen Ideal – lapidar gesagt – ›von Haus aus‹ verweigert, lässt sich daraus Folgendes ableiten: In der Epoche der Aufklärung kann der Immaterialismus als eine philosophische Position gelten, in der skeptizistische Zweifel daran gehegt werden, dass man dem Phänomen des Bewusstseins überhaupt jemals mit rationaler oder diskursiver Methodik gerecht zu werden vermag. Nähert man sich dem Phänomen des Bewusstsein (*mind*) ausschließlich vor dem Hintergrund eines Wissenschaftsideals, das auf dem Modell eines *lumen rationale* aufbaut, birgt das für eine *philosophy of mind* die Gefahr in sich, dass der Geist (*mind*) – aufgrund eines unreflektierten Sprachgebrauchs – vergegenständlicht wird. In aufklärerischer Manier versucht Berkeley genau davor zu warnen. Doch nicht nur das: Wie im nachfolgenden Kapitel aufgezeigt wird, unternimmt Berkeley in seinem Immaterialismus parallel dazu den Versuch, die im Modell eines *lumen rationale* auf Rationalität beschränkte Metaphorik der Einsichtnahme (Evidenz) für Methoden der Selbstwahrnehmung zu öffnen: Erst unter Bezugnahme auf ein erfahrungsbasiertes Gewahren seiner selbst könne man, den Überlegungen Berkeleys zufolge, dem Phänomen des Bewusstseins (*mind*) in angemessener Weise ›begegnen‹.

2.2 Die Licht- und Sehmetaphorik besitzt eine selbstreflexive Funktion

Es ist eine These dieses Kapitels, dass in Berkeleys Arbeiten Licht- und Sehmetaphern in einer selbstreflexiven Funktion vorzufinden sind. Das heißt, die

---

167 Hans Blumenberg, *Theorie der Unbegrifflichkeit*, S. 11.
168 Ebd.
169 Ebd.

2 DIE KRITIK AN DER LICHTMETAPHORIK DER AUFKLÄRUNG

in George Berkeleys Schriften auftauchenden Seh- und Lichtmetaphern auch in einer Weise lesen zu können, in der dazu verholfen wird, metaphorische Konstruktionen des Geistes (*mind*) als rein sprachliche Konstruktionen ›ersichtlich‹ werden zu lassen. Warum sich bei Berkeley die sprachlichen Konstruktionen als Konstruktionen zu erkennen geben, lässt sich aus seiner Annahme schlussfolgern, dass der Geist (*mind*) »nicht angemessen in Worten ausgemalt werden«[170] könne. Zudem redet Berkeley in sämtlichen Schriften immer wieder davon, dass Worte ›hinters Licht‹ führen. Gelegentlich spricht er sogar Warnungen gegenüber seiner Leserschaft aus, wie beispielsweise in dieser metaphorischen Form: »Laß dich nicht durch Worte täuschen, sondern gehe deinen eigenen Gedanken auf den Grund.«[171]

Die Licht- und Sehmetaphorik macht im Immaterialismus deshalb in selbstreflexiver Art und Weise deutlich, dass alle in Berkeleys Schriften vorgenommenen Reflexionen über den Geist (*mind*) ausschließlich modellbasierte oder metaphorische Reflexionen darstellen. Damit geht einher, dass die von Berkeley verwendete Licht- und Sehmetaphorik in dieser erweiterten Funktion über die Binnenstruktur von Berkeleys Argumentationsgängen hinausweist: Und zwar auf eine metatheoretische Ebene, auf der die Metaphorik in ihrer Metaphorizität erkenntlich wird.

Der Einsatz einer selbstreflexiven Licht- und Sehmetaphorik ist für Berkeley deshalb vonnöten, weil seine Argumentationsgänge über den Geist (*mind*) immer nur auf einer rein diskursiven, den Regeln der Sprache ausgesetzten, Ebene stattfinden können. Auf dieser Ebene lässt sich – der impliziten Logik des Immaterialismus zufolge – zwar ein modelltheoretisches Wissen über *mind* erwerben, das jedoch nicht mit einem Tatsachenwissen gleichgesetzt werden kann. Es handelt sich um ein ausschließlich provisorisches Wissen. Der hiesigen These nach will Berkeley in seinen Schriften keine Aussagen darüber treffen, was den Geist (*mind*) wirklich oder tatsächlich ausmache.

Berkeley unterscheidet deshalb ein durch sprachliche Reflexionen erworbenes Wissen über *mind* (*knowledge*) von einer unmittelbaren Kenntnisnahme von *mind* (*immediate knowledge*): Ein provisorisches Wissen über *mind* erreichen wir laut Berkely durch Reflexion oder Überlegung (*reflexion* oder *reasoning*), eine unmittelbare Kenntnis (*immediate knowledge*), die mit Gewissheit gleichgesetzt ist, dagegen ausschließlich durch Erfahrung (*inward feeling*). In der Einführung zu den *Prinzipien der menschlichen Erkenntnis* schreibt Berkeley mit Bezug auf eben diese Unterscheidung: »Wenn es uns

---

170 George Berkeley, *Tagebuch*, 696.
171 George Berkeley, *Drei Dialoge*, S. 126.

nicht gelingt, unbeeinflusst vom trügerischen Wesen der Sprache über die ersten Prinzipien der Erkenntnis Klarheit zu gewinnen, können wir endlos für nichts und wieder nichts über sie vernünfteln; wir mögen Folgerungen aus Folgerungen ziehen und werden doch keinen Deut klüger werden. Je weiter wir gehen, desto hilfloser werden wir in unserer Orientierungslosigkeit sein, desto tiefer verstrickt in Schwierigkeiten und Irrtümer.«[172] Dass Berkeley eine solche Äußerung schon in der Einführung zu einem seiner Hauptwerke macht, kann nicht genug hervorgehoben werden. Berkeley weist also bereits vor dem Einstieg in den Hauptteil seiner Abhandlung indirekt darauf hin, dass man von seiner Schrift, aufgrund ihrer sprachlichen Gebundenheit, keine Gewissheiten über den ›Untersuchungsgegenstand‹ – also über den Geist (*mind*) – erwarten solle. Im *Tagebuch* reflektiert Berkeley deshalb seine methodische Vorgehensweise mit Bezug auf seine veröffentlichten Hauptschriften. Es heißt dort: »Ich darf nicht mit der Aussicht auf viel Beweis auftreten. Ich muß alle Passagen streichen, die nach jener Art von Stolz aussehen, die in meinen Lesern eine Erwartung erregt.«[173]

Im Folgenden wird deshalb der Annahme nachgegangen, dass im Immaterialismus zwei Wege hinsichtlich des ›Einsichtig-Machens‹ von *mind* mehr oder weniger direkt thematisiert werden: ein über diskursive Überlegungen laufender, mittelbarer Weg und ein intuitiver oder unmittelbarer, der erst in einer bestimmten Leseeinstellung klarer zutage tritt: nämlich in der Fokussierung auf eine selbstreflexive Licht- und Sehmetaphorik.

Nimmt man eine auf Licht- und Sehmetaphern fixierten Leseeinstellung ein, wird deutlich, dass die im Immaterialismus zum Einsatz kommenden Metaphern auch auf den Leser selbst ›zurücklaufen‹. Was darunter zu verstehen ist und wie eine unmittelbare Kenntnisnahme von *mind* erreicht werden kann, ist fortan zu beschreiben.

Der den Immaterialismus vertretende *Philonous* erklärt seinem Gesprächspartner *Hylas* in Berkeleys *Drei Dialogen* nur in einer sehr ›spärlichen‹ und vieldeutigen Art und Weise, dass er »Bewusstsein von seinem eigenen Sein habe«[174]. Es sind derlei interpretationswürdige Stellen, die in der Berkeley-Forschung eine langwierige und noch immer anhaltende Diskussion über die immaterialistische *philosophy of mind* entfacht haben. Auch gegenwärtig wird noch darüber diskutiert, wie sich der Geist (*mind*) im Immaterialismus genauer vorzustellen sei, wenn dieser, der immaterialistischen Logik zufolge,

---

172 George Berkeley, *Prinzipien der menschlichen Erkenntnis*, Einführung § 25.
173 George Berkeley, *Tagebuch*, 858.
174 George Berkeley, *Drei Dialoge*, S. 91.

2 DIE KRITIK AN DER LICHTMETAPHORIK DER AUFKLÄRUNG

nicht angemessen durch Worte repräsentiert werden kann. Einer der Hauptgründe für die lang anhaltende Diskussion scheint vor allem damit im Zusammenhang zu stehen, dass sich Berkeley einer direkt vorgenommenen Analyse des Geistes (*mind*) entzieht und das Phänomen des Bewusstseins (*mind*) nur auf eine sehr einfache, gar primitive Weise darzustellen versucht. Werden die von Berkeley vorgenommenen Aussagen zum Geist (*mind*) zusammengezählt und hinsichtlich ihres Inhaltes untersucht, kann man der Feststellung Kenneth P. Winklers nur zustimmen: »Berkeley's philosophy of mind strikes even sympathetic readers as the weakest part of his immaterialism.«[175] Folgt man der Behauptung Winklers, muss der Befund hingenommen werden, dass man auf einer binnentheoretisch ausgerichteten Ebene zu spekulativen Thesen und Annahmen bezüglich Berkeleys *philosophy of mind* gezwungen ist. Ironischerweise äußert Berkeley bereits selbst im *Tagebuch*, dass er »in seinem Werk alle Passagen streichen müsse, die nach jener Art von Stolz aussehen, die in seinen Lesern eine Erwartung auf Beweise erregen«[176].

Wird der Versuch unternommen, die immaterialistische *philosophy of mind* aus einer metatheoretischen Perspektive zu betrachten, um den Blick auf die von Berkeley verwendete Licht- und Sehmetaphorik zu richten, zeigt sich, dass Berkeley ein ausschließlich durch modelltheoretische Reflexionen erworbenes Wissen über *mind* mit Licht- und Sehmetaphern indirekt zu unterlaufen versucht. Mit der im Immaterialismus zum Einsatz kommenden Licht- und Sehmetaphorik soll der Leser von Berkeleys Schriften nämlich auf einen ganz bestimmten Bereich der Selbstwahrnehmung aufmerksam gemacht werden, von dem allein nonverbale Gewissheiten zu erwarten sind. Die selbstreflexive Licht- und Sehmetaphorik ›besagt‹, dass eigenständig und theorieunabhängig wahrgenommen werden muss, wie man wahrnimmt.

Warum Berkeley überhaupt der Meinung ist, dass eine über *reflexion* und *reasoning* erreichte Evidenz (*evidence*) in Bezug auf *mind* von einem intuitiven Gewahren von *mind* (*inward evidence*) zu trennen ist, muss noch genauer aufgezeigt werden. Die dabei leitende These lautet: Während *reflexion* und *reasoning* an rationale Prozesse gebunden sind, geht dagegen nur die von Berkeley sogenannte *inward evidence* mit Selbstwahrnehmung einher. Berkeley geht nämlich davon aus, dass ein Wahrnehmender seine Aufmerksamkeit nicht auf Objekte oder Imaginationen, sondern auf sich selbst – als ein Wahrnehmender – richten muss, wenn Selbstkenntnis (*inward evidence*)

---

175   Kenneth P. Winkler, *Marvellous Emptiness*, in: *Berkeley's Lasting Legacy 300 Years Later*, S. 224.
176   George Berkeley, *Tagebuch*, 858.

eintreten soll. In den *Prinzipien* schreibt er diesbezüglich: »Einige Wahrheiten liegen so nahe und sind so offensichtlich, dass man nur die Augen zu öffnen braucht, um sie zu sehen.«[177] Dieser Stelle lässt sich besonders gut entnehmen, dass Berkeley hier nicht von den Sinnesorganen spricht, sondern von metaphorischen Augen, mit deren ›Öffnung‹ sich die für die Selbstkenntnis notwendige *inward evidence* erreichen lässt. In dieser sehmetaphorischen Äußerung versteckt sich eine metatheoretische ›Aufforderung‹, mit der der Leser von Berkeleys Schriften dazu gebracht werden soll, in der Art einer ›Blickwendung‹ auf sich selbst zu ›sehen‹: Er wird indirekt dazu aufgefordert sich selbst als einen Wahrnehmenden zu gewahren.

Worauf es hier besonders ankommt, ist zu erfassen, dass sich Berkeley mit seiner metaphorischen Phrase, der Öffnung der geistigen Augen (*open the eye of mind*)[178], nicht auf Denkvorgänge oder introspektive Betrachtungen bezieht. Vielmehr thematisiert Berkeley damit, so die These, eine objektfreie Wahrnehmung.

Aus diesem Grund ist die Behauptung Peter Walmsleys zurückzuweisen, in der davon ausgegangen wird, dass Berkeley in seiner Sehmetaphorik auf Rationalität anspiele. Walmsley vertritt in seinem Buch *The Rhetoric of Berkeley's Philosophy* die These, dass Berkeley in der sehmetaphorischen Phrase – die Augen des Geistes zu öffnen – eine bekannte Formel zum Ausdruck bringen würde, die man wie folgt zusammenfassen kann: »to think is to see« oder »thought is sight«[179]. Dass sich Berkeley aber gerade nicht auf rationale Prozesse mit seiner Sehmetaphorik bezieht, sondern auf eine objektfreie Wahrnehmung, muss hervorgehoben werden. Ein ›geistiges Sehen‹ geht bei Berkeley also nicht mit rationalen Operationen einher. In einer Einzelfallanalyse hätte Peter Walmsley vermeiden können, Berkeleys seh- und lichtmetaphorischen Äußerungen vorschnell mit der in der Aufklärung standardisierten Licht- und Sehmetaphorik gleichzusetzen. In diesem Falle steht Berkeleys Metaphorik nämlich der in der Aufklärung an das Modell eines *lumen rationale* gebunden Einsichtsmetaphorik diametral entgegen: Im Gegensatz zu dieser wird in der Sehmetaphorik des Immaterialismus zum ›Ausdruck‹ gebracht, dass es in der Kenntnisnahme von *mind* gerade nicht der rationalen Einsicht bedarf, sondern einer ganz bewussten Selbstwahrnehmung. Die selbstreflexive Licht- und Sehmetaphorik des Immaterialismus besagt in Verbindung mit der von Berkeley direkt vorgenommen Sprachkritik,

---

177   George Berkeley, *Prinzipien der menschlichen Erkenntnis*, § 6.
178   George Berkeley, *Prinzipien der menschlichen Erkenntnis*, § 154.
179   Peter Walmsley, *The Rhetoric of Berkeley's Philosophy*, S. 51.

dass überhaupt erst alle »Irrtümer«[180] in Bezug auf *mind* durch rationale und reflexive ›Betrachtungsweisen‹ entstehen würden. Der Geist (*mind*) lässt sich Berkeley zufolge nicht wie ein Objekt betrachten. Dieser kann nicht zu einem Ding gemacht werden, auf das sich in Form eines intentionalen Aktes reflexiv bezogen werden könnte.

Es ist die Meinung Kenneth P. Winklers, dass sich Selbstbewusstsein im Immaterialismus als nicht-intentionales Bewusstsein erweist. In seinem 2011 veröffentlichten Aufsatz *marvellous emptiness* schreibt er: »Berkeleyan self-consciousness is knowledge based on experience (or on what we might call phenomenological fact), but it is not (insofar as it is self-consciousness) object-involving [...] It is not a purely intellectual operation, but a form of experience.«[181] Winkler belegt seine These – dass Berkeleys Auffassung von *self-consciousness* nicht auf Objekte ausgerichtetes Bewusstsein sei – unter anderem mit einem Eintrag aus Berkeleys *Tagebuch*. In diesem spricht Berkeley von einer »herrlichen Leerheit« (*marvellous emptiness*) die den Geist (*mind*) ausmachen würde. Genau genommen schreibt er: »Tis not to be imagin'd wt a marvellous emptiness & Scarcity of Ideas that man shall descry who will lay aside all use of Words in his Meditations.«[182] Unter Bezugnahme auf diesen Tagebucheintrag schlussfolgert Kenneth Winkler: »Berkeley's aim is to promote a very different (and, he hopes, radically simplifying) way of thinking. If consciousness is consciousness of objects, then self-consciousness – knowledge of one's own mind, and of its acts and operations – is not. In its clearest and most unmistakable form, it is the experience of free acts of will [...] an awareness of acts and operations presenting themselves not as objects before the mind, but as the mind's own undertakings [...] But they are not present to the mind in the way (for example) sensory images are. For Berkeley the mind is emptier of objects than we might at first expect.«[183]

Mit Blick auf die hiesige Untersuchung kann demnach mit gutem Grund behauptet werden, dass einer solchen ›Leerheit‹ – von der Berkeley in Bezug auf *mind* in seinem Tagebucheintrag redet – mit rationalen Mitteln und Operationen schlussendlich nicht beizukommen ist. Berkeley reflektiert das, so die These, indirekt in seiner Verwendungsweise der Licht- und Sehmetaphorik.

---

180 George Berkeley, *Tagebuch*, 737.
181 Kenneth P. Winkler, *Marvellous Emptiness*, in: *Berkeley's Lasting Legacy 300 Years Later*, S. 225 ff.
182 George Berkeley, *Tagebuch*, 600.
183 Kenneth P. Winkler, *Marvellous Emptiness*, in: *Berkeley's Lasting Legacy 300 Years Later*, S. 225 ff.

Worauf diese zielt, lässt sich am besten anhand eines anderen Beispiels der Philosophiegeschichte verdeutlichen. Die schriftstellerische oder methodische Vorgehensweise Berkeleys ist nämlich nicht weit von der Ludwig Wittgensteins im *Tractatus* entfernt. Wittgenstein äußert sich selbstreflexiv wie folgt in der Proposition 6.54 des *Tractatus*: »Meine Sätze erläutern dadurch, dass sie der, welcher mich versteht, am Ende als unsinnig erkennt, wenn er durch sie – auf ihnen – über sie hinausgestiegen ist. (Er muss sozusagen die Leiter wegwerfen, nachdem er auf ihr hinaufgestiegen ist.) Er muss diese Sätze überwinden, dann sieht er die Welt richtig.«[184] In Anlehnung an diesen Hinweis Wittgensteins an seine Leserschaft, die geäußerten Sätze »am Ende der Abhandlung zu überwinden«, besteht Berkeleys methodische Strategie nicht minder darin, mit einer metaphorischen Sprache zugleich auch über seine eigenen Argumentationsgänge ›hinaus zu gelangen‹. Durch eine solche Vorgehensweise versucht Berkeley zu verdeutlichen, dass man nicht bei seinen Aussagen über *mind* verharren sollte, sondern über diese ›hinaus sehen‹ müsse, damit *mind* der Erfahrung zugänglich gemacht werden könne. Auf diesem Wege soll Berkeleys Leserschaft zu jener unmittelbaren Kenntnis (*immediate knowledge*) von *mind* kommen, auf die Berkeleys selbstreflexive Licht- und Sehmetaphorik abzielt. Wird das berücksichtigt, dann erschließt sich die Metaebene, die den Leser von Berkeleys Schriften in einem ganz wörtlichen Sinne auf sich selbst zu leiten versucht.

Weshalb eine solche Strategie oder Vorgehensweise überhaupt notwendig ist, beantwortet Berkeley in einer metaphorisch verschlüsselten Weise in der Einführung seiner *Prinzipien*. Es heißt dort: »Wir brauchen nur den Vorhang von Worten beiseite zu ziehen, um den herrlichsten Baum der Erkenntnis zu erblicken, dessen Frucht köstlich und in Reichweite unserer Hände ist.«[185] Mit diesen Formulierungen versucht Berkeley zum ›Ausdruck‹ zu bringen, dass die in seinen Schriften vorgenommenen Reflexionen über *mind* eine intuitive Kenntnisnahme von *mind* nicht ersetzen können. Selbstbewusstsein basiert im Immaterialismus ausschließlich auf Erfahrung. Laut Berkeley können wir »Gewissheit und Erkenntnis geradewegs ohne Ideen haben«[186].

Die in Berkeleys *philosophy of mind* formulierten Ideen über *mind* sind deshalb nicht mehr und nicht weniger als unzureichende oder provisorische Reflexionen. In Berkeleys *Tagebuch* gibt es einen Vermerk, der heute – avant la lettre – nahezu als ein Kommentar auf Wittgensteins Selbstreflexion, dass die Sätze des *Tractatus'* am Ende zu überwinden seien, gelesen werden kann.

---

184 Ludwig Wittgenstein, *Tractatus logico-philosophicus*, 6.54.
185 George Berkeley, *Prinzipien der menschlichen Erkenntnis*, Einführung § 23.
186 George Berkeley, *Tagebuch*, 730.

Berkeley schreibt: »Sagt man: Ich finde es aber sehr schwierig hinter die Wörter zu sehen, so sage ich: Übung wird es leicht machen.«[187] Auch wenn Berkeley keine konkreten Anweisungen, Beschreibungen oder Erläuterungen zu einer solchen Übung gibt – mit der es eben leichter fiele, »hinter die Worte sehen zu können« – wird er nicht müde, seine Leser immer wieder zur Aufmerksamkeitsschulung aufzufordern.[188] Des aufmerksamen Verweilens bedarf es als eine Art der Vorbereitung auf das Gewahren seiner selbst.

Berkeleys Kritik an der Sprache richtet sich demnach vor allem auf einen entscheidenden Punkt aus: Ausschließlich diskursive Betrachtungen verhindern einen ›klaren Blick‹ auf *mind*. In diesem Zusammenhang setzt Berkeley auch auf die Nebelmetaphorik, in der deutlich wird, dass uns die auf Diskursivität basierende Sprache einen ›klaren und ungetrübten Blick‹ verwehrt: Mit den Konzepten, die wir über *mind* formulieren, »wirbeln wir Staub auf, und beklagen uns dann, daß wir nicht sehen können«[189]. Diesbezüglich schreibt Berkeley im *Tagebuch*: »The chief thing I do or pretend to do is only to remove the mist or veil of words.«[190]

Wenn an dieser Stelle einmal die deutsche Epochenbezeichnung der *Aufklärung* herangezogen wird, an der sich treffend ›ablesen‹ lässt, wie stark Licht- und Sehmetaphorik in der Aufklärung einander bedingen, kann ein nicht geringfügiger Unterschied zwischen der Lichtmetaphorik Berkeleys und der in der Aufklärung standardisierten verdeutlicht werden. Das Standard-Licht-Modell der Aufklärung besagt in Bezug auf das ›Einsichtig machen‹ des zu untersuchenden Gegenstandes: Um etwas überhaupt klar und deutlich sehen zu können, bedarf es eines freien, unverstellten und ausgeleuchteten ›Sehfeldes‹.

Diese Annahmen basieren auf dem ›Bild‹, dass unser ›Sehfeld‹ im Normalfall ›verstellt‹ oder nur ungenügend ›ausgeleuchtet‹ ist. Es muss deshalb von uns selbst ›freigemacht‹ und angemessen ›beleuchtet‹ werden, um nicht nur einen ›Überblick‹, sondern auch eine Fokussierung des zu untersuchenden Gegenstandes vornehmen zu können. Daraus leitet Hans Blumenberg die folgende Typisierung der in der Aufklärung zum Standard erklärten Licht-Sehmetaphorik ab: »Wahrheit zeigt sich nicht von sich her, sondern muss gezeigt werden.«[191] Und zwar in Form von evidenten und rational nachvollziehbaren Darstellungen.

---

187 George Berkeley, *Tagebuch*, 736.
188 George Berkeley, *Prinzipien der menschlichen Erkenntnis, Einführung* § 22.
189 Ebd., Einführung § 3.
190 George Berkeley, *Tagebuch*, 642.
191 Hans Blumenberg, *Licht als Metapher der Wahrheit*, in: *Ästhetische und metaphorologische Schriften*, S. 169.

Dem hält Berkeley aber entgegen: »Mag ein sichtbarer Gegenstand in noch so helles Licht gesetzt sein – wenn eine Unvollkommenheit im Sehvermögen besteht oder das Auge nicht auf ihn gerichtet ist, so wird er nicht deutlich gesehen.«[192] Obwohl auch der Immaterialismus nicht vollständig von der Typisierung Blumenbergs abweicht, so unterscheidet er sich doch von dieser in einem entscheidenden Punkt: *Mind* lässt sich nicht durch ausschließlich rational ausgerichtete Methoden und diskursive Verfahrensweisen vollständig ›einsichtig machen‹. Hierfür bedarf es einer Form von Diskursivität ›gereinigter‹ und demnach auch von der Sprache ›befreiter‹ Selbstwahrnehmung. Aus diesem Grund will Berkeley ›den Nebel und Schleier‹ der Sprache ›auflösen‹, weil dieser überhaupt erst »Unwissenheit und Verwirrung (in Bezug auf *mind*, M. H.) verursacht«[193].

Dass aber auch Berkeley, trotz seines Sprachpessimismus, eine angemessene und klare Darstellung seiner Ansichten über *mind* anzustreben versucht, ist zu berücksichtigen. Allerdings gibt sich Berkeley nicht mit einem auf dem Weg von modelltheoretischen Reflexionen zu erreichendem Wissen über *mind* zufrieden. Schlussendlich will er unter Zuhilfenahme von Licht- und Sehmetaphern auch auf eine von der Sprache ›unverstellte‹ Erfahrungsebene verweisen.

In den *Prinzipien* fordert Berkeley fortwährend dazu auf, hierfür die Aufmerksamkeit zu schulen. In der Erfüllung dieser Aufforderungen kann die Leserschaft Berkeleys möglicherweise jene unmittelbare Kenntnis von *mind* erwerben, die Berkeleys Ansichten nach zum ›Vorschein kommt‹, wenn »hinter die Wörter geblickt« wird. Das führt zu der These, dass im Immaterialismus auf eine ganz spezifische Form von Bewusstsein (*mind*) verwiesen werden soll. Um welche Form es sich dabei genau handelt, wird im Folgenden unter Bezugnahme auf Gernot Böhmes 2014 veröffentlichtes Buch *Bewusstseinsformen* aufgezeigt.

2.3 Bewusstheit ist eine besondere Form von Bewusstsein

Gernot Böhmes Hauptthese ist es, »dass man nicht von Bewusstsein schlechthin reden kann – vielmehr gebe es eine Mannigfaltigkeit von Bewusstseinsformen«[194]. Worauf es Böhme dabei besonders ankommt, ist, einerseits aufzuzeigen, dass »die westliche Dominanz einer bestimmten Bewusstseins-

---

192 George Berkeley, *Drei Dialoge*, S. 77.
193 George Berkeley, *Tagebuch*, 642.
194 Gernot Böhme, *Bewusstseinsformen*, S. 9.

2 DIE KRITIK AN DER LICHTMETAPHORIK DER AUFKLÄRUNG

form infrage zu stellen sei – nämlich von Bewusstsein qua Reflexion«[195]. Andererseits möchte er eine »ebenso bedeutsame Kurzsichtigkeit vieler europäischer Bewusstseinstheorien aufdecken oder zumindest hinterfragen: die Behauptung, Bewusstsein sei immer Bewusstsein von etwas – also dass Bewusstsein stets intentional sein muss«[196]. Für die von Böhme aufgestellten Thesen ist es zentral, dass Bewusstseinsformen »letzten Endes an sich selbst erfahren werden müssen, um verifiziert zu werden«[197].

Alle Formen von Bewusstsein – um überhaupt als Bewusstseinsformen gelten zu können – implizieren nach Böhme Bewusstheit. Deshalb bezeichnet er Bewusstheit auch als das »Ingrediens aller anderen Bewusstseinsformen«[198]. In diesem Zusammenhang schreibt er: »Dabei tritt Bewusstheit bei anderen Bewusstseinsformen nicht etwa als Element auf, sondern eher als eine Tönung.«[199] Bewusstheit ist aber »nicht einfach die Qualität des Bewusstseins – bewusst zu sein – und damit alle Formen des Bewusstseins«[200]. Um diesen Punkt zu verdeutlichen, bemüht Böhme interessanterweise die Lichtmetaphorik. Er schreibt: »Metaphorisch können wir Bewusstheit als eine Art Helle bestimmen.«[201] Böhme spricht sogar davon, dass »Bewusstheit Licht über andere Akte ausgießt und sie so zu bewussten macht«[202]. Bewusstheit ist nach Böhme demnach kein Akt, sondern ein Zustand, bei dem es sich »um eine erfahrbare Form von Bewusstsein eigener Art handelt«[203].

Das expliziert er wie folgt: »Reine Bewusstheit als Ereignis oder Zustand bedeutet immer: in diesem Zustand sein – und sei es auch nur für einen Augenblick. Wenn wir nun behaupten, dass alle Bewusstseinsformen nur Formen des Bewusstseins sind, insofern sie Bewusstheit implizieren, so dürfen wir uns das nicht so erklären, als käme Bewusstheit zum sonstigen Akt oder zur sonstigen Erfahrung von Bewusstsein hinzu, etwa in der Art: ich nehme etwas wahr – und dann werde ich mir dessen noch bewusst.«[204] Um noch weiter zu spezifizieren, was unter Bewusstheit verstanden werden kann, spricht Böhme auch von einem »Anregungszustand, der die Wahrnehmung aktualisiert«[205].

---

195 Ebd.
196 Ebd.
197 Ebd., S. 14.
198 Ebd., S. 10.
199 Ebd., S. 14.
200 Ebd., S. 139.
201 Ebd., S. 142.
202 Ebd., S. 143.
203 Ebd., S. 10.
204 Ebd., S. 141 ff.
205 Ebd.

In der Rede von Bewusstheit als ein »Anregungszustand« lassen sich nun erste Parallelen zu Berkeleys Kennzeichnung von *mind* als *active principle* herstellen. Unter Einbeziehung von Berkeleys Tagebucheinträgen wird deutlicher, wie nah Berkeley in seinen Äußerungen über *mind* an den von Böhme vorgetragenen Zustandsbeschreibungen reiner Bewusstheit als ein Anregungszustand rührt. So schreibt Berkeley etwa: »Ich darf den Verstand (*Understanding*) nicht als eine Fähigkeit oder einen Teil des Geistes (*mind*) anführen, ich muss Verstand und Wille usw. in das Wort *Spirit* einschließen, mit dem ich alles, was aktiv ist, meine.«[206]

Reine Bewusstheit kann laut Böhme »in den Zwischenräumen zwischen bewusster Wahrnehmung«[207] entstehen. In derartigen Zwischenräumen ergebe sich die Möglichkeit zur ›Entfaltung‹ von Bewusstheit. Allerdings weißt Böhme explizit darauf hin, dass es falsch sei, zu sagen »man habe reine Bewusstheit«[208]. Bewusstheit »tritt nicht wie ein zusätzlicher Akt zur Wahrnehmung hinzu – man kann Bewusstheit nicht als ein Akt benennen«[209]. Für Böhme erweist sich reine Bewusstheit stets als »das Residuum aller anderen Akte oder Formen von Bewusstsein«[210]. Böhme schreibt diesbezüglich: »Bewusstseinsformen sind bewusst, weil sie im Letzten Bewusstheit sind, besser gesagt: weil sie für denjenigen, dessen Bewusstsein die jeweiligen Formen von Bewusstsein sind, bedeuten, dass er im Zustand der Bewusstheit ist.«[211]

Der Zustand der Bewusstheit hat nichts ›Inhaltliches‹ an sich, sondern entspricht einer »expliziten und direkten Zuwendung zum Geist, zur Seele, zum Bewusstsein«[212]. Deshalb schreibt Böhme: »Wenn man verstehen will, worin das Bewusst-Sein des Bewusstseins eigentlich besteht, und nicht nur, wie üblich, die Inhalte von Bewusstsein untersucht, stößt man auf das reine Bewusstsein. Hier nun zeigt sich der quasi existenzielle Zug der Bewusstseinserforschung: man wird kaum verstehen, was reine Bewusstheit eigentlich ist, wenn man sie nur theoretisch oder analytisch erschließt: man muss diesen Zustand an sich selbst erfahren.«[213]

Eine für diese Untersuchung besonders hervorzuhebende Kennzeichnung Böhmes in Bezug auf die Zustandsbeschreibung der Bewusstheit lautet »leeres Bewusstsein«[214]. Die Rede vom leeren Bewusstsein erinnert an einen

---

206 George Berkeley, *Tagebuch*, 848.
207 Gernot Böhme, *Bewusstseinsformen*, S. 141.
208 Ebd.
209 Ebd., S. 142.
210 Ebd.
211 Ebd., S. 143.
212 Ebd.
213 Ebd., S. 144.
214 Ebd.

Tagebucheintrag Berkeleys. In diesem spricht Berkeley mit Bezug auf *mind* von *marvellous emptiness*. Er schreibt: »Tis not to be imagin'd wt a marvellous emptiness & Scarcity of Ideas that man shall descry who will lay aside all use of Words in his Meditations.«[215] Dass in diesem Eintrag die für Bewusstheit spezifische Leerheit (*marvellous emptiness*) aufgegriffen wird, ist beachtlich. Doch nicht nur das: Zudem geht Berkeley sogar auf eine Abwesenheit alles Inhaltlichen ein. Und zwar genau dann, wenn er in diesem Eintrag von einer Abwesenheit von Ideen (*scarcity of Ideas*) spricht. Interessanterweise erachtet es auch Böhme für den Zustand der Bewusstheit als wesentlich, dass ein solcher Zustand aller Inhaltlichkeit entbehrt. Um in einen solchen Zustand zu gelangen, empfiehlt er meditative Übungen mit dem Ziel der »Entleerung aller Inhalte«[216].

An dieser Stelle der Untersuchung bietet es sich an, mit allem Nachdruck darauf hinzuweisen, dass Berkeley das Wort *Meditation* nicht im Sinne Descartes' benutzt: *Meditation* meint bei Berkeley nicht ein intimes Nachdenken oder Überlegen, auch keine andächtige Vertiefung in etwas oder eine reflexive Ausrichtung auf einen Bewusstseinsinhalt. Das in aller Deutlichkeit herauszustellen ist eines der Hauptanliegen in diesem Kapitel.

Von Bedeutung ist das deshalb, weil in allerhand Forschungsbeiträgen zu Berkeleys *philosophy of mind* mit viel zu großer Selbstverständlichkeit *Meditation* mit rein rationalen Prozessen – im Sinne von Überlegen oder Nachdenken – in Verbindung gebracht wird. Auch in den zwei einflussreichsten deutschen Übersetzungen von George Berkeleys Frühwerk – die von Arend Kulenkampff und Wolfgang Breidert stammen – wird *Meditation* oder *to meditate* mit Überlegung oder Nachdenken gleichgesetzt. Dass in einer solchen Übersetzung aber der entscheidende Unterschied zwischen einem rein rational erworbenen Wissen über *mind* (*knowledge*) und einem unmittelbarem Gewahren von *mind* (*immediate knowledge*) übersehen oder übergangen wird, sollte zu bedenken geben. Es sei hier noch einmal darauf hingewiesen, dass Berkeley in seinem *Tagebuch* davon spricht, »dass es Gewissheit ohne Ideen gebe«[217] – also Gewissheit gerade nichts mit einem Nachdenken über etwas zu tun hat. Demnach muss es als eine voreilige Entscheidung gelten, wenn beispielsweise Wolfgang Breidert *Meditation* im Tagebucheintrag 600 in der deutschen Übersetzung mit dem Terminus *Überlegung* wiedergibt.

Wenn ein treffenderes Verständnis angestrebt werden soll, dann muss immer berücksichtigt werden, dass sich im Immaterialismus ausschließlich *reflexion* und *reasoning* auf einen Umgang mit Ideen oder Objekten – im

---

215 George Berkeley, *Tagebuch*, 600.
216 Gernot Böhme, *Bewusstseinsformen*, S. 140.
217 George Berkeley, *Tagebuch*, 730.

Sinne von Nachdenken oder Überlegen – beschränken lassen. Das Gewahren von *mind* geht dagegen in Berkeleys Schriften mit ›Inhaltslosigkeit‹ einher. Vor diesem Hintergrund wird es verständlich, weshalb Berkeley in einer anderen Notiz seines *Tagebuchs* das Folgende vermerkt: »Absurd, dass die Menschen die Seele (*mind*) durch eine Idee erkennen sollten.«[218] Der Immaterialismus kann demnach als ein Fall in der Geschichte der westlichen Bewusstseinsphilosophie betrachtet werden, der sich auf eine spezielle Form von Bewusstsein bezieht: auf Bewusstheit. Auch wenn sich Böhme in seinen Beschreibungen von Bewusstheit nicht an einer einzigen Stelle auf Berkeley bezieht, muss hier festgehalten werden, dass im Immaterialismus Bewusstheit thematisiert wird.

Das wird hier deshalb so deutlich gemacht, weil Böhme der Meinung ist, dass Bewusstheit vor allem an asiatische Meditationspraktiken gebunden sei, die normalerweise in der westlich geprägten Bewusstseinsphilosophie weniger Beachtung finden würden. Ganz besonders hervorzuheben ist in diesem Zusammenhang, dass auch Berkeley *marvellous emptiness* mit Meditation in Verbindung bringt. Laut Böhme ist der Zustand reiner Bewusstheit nämlich vor allem ein meditativ erfahrbarer Zustand. Das »leere Bewusstsein«[219] kennzeichnet Böhme sogar als Meditationsziel. Aus diesem Grund schreibt er: »Den Zustand reiner Bewusstheit zu erreichen, erweist sich als nicht ganz einfach. In der Regel erfordert es längere und wiederholte Übung.«[220] Dieses Problem – einen solchen Zustand nicht ohne Einübung erlangen zu können – scheint auch Berkeley erkannt zu haben. Deshalb bietet es sich an dieser Stelle an, erneut auf jenen Eintrag aus Berkeleys *Tagebuch* hinzuweisen, in dem davon die Rede ist, dass »es der Übung bedarf, um hinter Worte sehen zu können«[221]. Laut Böhme ist der Übungsaspekt in der Erlangung oder Verwirklichung von Bewusstheit zu unterstreichen, weil »die durchschnittliche, alltägliche Wahrnehmung immer schon interessiert und durch Aufmerksamkeit auf bestimmtes zentriert«[222] sei: »Auf dem Hintergrund reiner Bewusstheit nimmt man allerdings in besonderer Weise wahr. Diese Erfahrung hat hauptsächlich damit zu tun, dass die zentrierende und infolgedessen hervorhebende und verdrängende Funktion der Aufmerksamkeit entfällt.«[223]

---

218 Ebd., 230.
219 Gernot Böhme, *Bewusstseinsformen*, S. 140.
220 Ebd., S. 144.
221 George Berkeley, *Tagebuch*, 736.
222 Gernot Böhme, *Bewusstseinsformen*, S. 145.
223 Ebd.

2 DIE KRITIK AN DER LICHTMETAPHORIK DER AUFKLÄRUNG

Auch George Berkeley thematisiert in seinen *Prinzipien der menschlichen Erkenntnis*, dass wir uns im Alltagsgeschehen normalerweise nicht im Zustand der Bewusstheit befinden. In einer metaphorischen, kulturkritischen und polemischen Art stellt er diesbezüglich die rhetorische Frage: »Ist es darum verwunderlich, wenn der überwiegende Teil der Menschheit, der stets emsig seinen Geschäften und Vergnügungen nachgeht, wenig geübt darin ist, die Augen des Geistes zu öffnen?«[224]

Berkeley ist der Ansicht, dass wir durch alltägliche Belange davon abgehalten werden, unsere Aufmerksamkeit auf das Gewahren von *mind* zu richten. Im Alltag geht uns sozusagen die unmittelbare Kenntnis (*immediate knowledge*) von *mind* verloren. Wird dagegen der Zustand reiner Bewusstheit verwirklicht, »präsentiert sich uns die Welt in der gleichmütigen Weise, in der alles Seiende sich gibt«[225]. Diese Aussage Böhmes würde auch der am Ende der *Drei Dialoge* vom Immaterialismus überzeugte *Hylas* bestätigen können, der sich in einem solchen, für Bewusstheit kennzeichnenden Zustand, zu befinden scheint. *Hylas* sagt: »I am clearly convinced that i see things in their native forms, and am no longer in pain about their unknown nature or absolute existence. This is the state I find myself in at present.«[226]

---

224   George Berkeley, *Prinzipien der menschlichen Erkenntnis*, § 154.
225   Gernot Böhme, *Bewusstseinsformen*, S. 145.
226   George Berkeley, *Works II*, S. 262.

TEIL II

*Der Immaterialismus und
das Modell der Camera obscura*

KAPITEL 1

Die Metaphorik der Camera obscura

1.1 Das Problemfeld: Eine kurze Rezeptionsgeschichte des Immaterialismus

Bereits zu Berkeleys Lebzeiten stößt der Immaterialismus auf Ablehnung. Die Gründe hierfür sind in einem 2008 erschienenen Aufsatz des Berkeley-Forschers Sébastian Charles aufgelistet. In diesem hält er fest, dass die meisten Einwände gegen den Immaterialismus auf der Gleichsetzung von »immaterialism and incorporealism«[227] beruhen. Die Verkürzung auf diesen Aspekt zeigt sich im weiteren Verlauf der Rezeptionsgeschichte von Berkeleys Schriften noch deutlicher: Der Immaterialismus wird zumeist als eine Theorie gelesen, in der der Versuch unternommen wird, die materielle Welt zu leugnen. Berkeley sei angeblich daran gelegen, die Welt zu einem »purely ideal and unreal place«[228] zu verklären.

Davon scheinen vor allem die ›Stars‹ der Philosophiegeschichte überzeugt zu sein: Denis Diderot ist einer der Ersten, der in Bezug auf Berkeleys Theorie von »Absurdität«[229] spricht. Dem fügt er aber noch hinzu, dass sie »zur Schande des menschlichen Geistes am schwierigsten zu widerlegen«[230] sei. Das hat Samuel Johnson zu außerordentlichem Einfallsreichtum motiviert. Er behauptet George Berkeleys »ingenious sophistry«[231] besonders fix widerlegen zu können: Man müsse nur vor einen Stein treten, um die immaterialistische Theorie ad absurdum zu führen. Auch Johnson geht davon aus, dass der Immaterialismus ein Idealismus sei, der nichts anderes zu beweisen versuche, als das »every thing in the universe« im Grunde »merely ideal« sei.[232] Dem schließt sich Ernst Bloch an. Seine Deutung des Immaterialismus kommt zu einem ähnlichen Ergebnis wie schon Diderot: Berkeley sei ein »gänzlich absurdes Phänomen«[233]. Es muss deshalb nicht weiter verwundern, dass der

---

227 Sébastian Charles, *Berkeley and the Lumières*, in: *New Interpretation of Berkeley's Thought*, S. 298.
228 Ebd., S. 289.
229 Denis Diderot, in: Einleitung zu den *Drei Dialogen*, S. XXIII.
230 Ebd.
231 James Boswell, *The life of Samuel Johnson*, Vol. 1, S. 292.
232 Ebd.
233 Ernst Bloch, *Leipziger Vorlesungen zur Geschichte der Philosophie*, S. 226.

Immaterialismus auch noch bis weit in die Gegenwart hinein als ein »ephemeres Spiel der Phantasmen«[234] abgetan wird.

Das bietet Anstoß genug, um sich auf eine Spurensuche nach den Gründen für derlei Einschätzungen zu begeben. Möglicherweise lassen sich in Berkeleys Schriften Anhaltspunkte dafür auffinden, die jenen einseitigen Verlauf in der Rezeptionsgeschichte des Immaterialismus begünstigt haben dürften. Obwohl nämlich Berkeley laut eigener Aussage »mehr für die Realität sei, als irgendwelche anderen Philosophen«[235], lässt sich nicht erst heute feststellen, dass er seine philosophischen Ansichten in einer sprachlich höchst eigenwilligen Weise präsentiert. Es fällt auf, dass es mancherlei Formulierungen besonders schwer machen, explizit Geäußertes nicht vorschnell in absurden Konsequenzen münden zu lassen. Das trifft vor allem auf Berkeleys Verwendungsweise des Wortes *Idee* zu: Dieser Terminus wird in den frühen und späten Schriften auch für sinnlich wahrnehmbare Gegenstände gebraucht. Im Immaterialismus wird prinzipiell davon ausgegangen, dass ein Gegenstand aus einer »Konfiguration von Ideen«[236] (*collections of ideas*) bestehe. Der Grund dafür liegt in Berkeleys *esse est percipi*-Prinzip. Dieses besagt, dass das Wahrgenommene nicht unabhängig von *mind* ist. Die als Ideen dargestellten Gegenstände existieren im Moment ihrer Wahrnehmung im Geist (*mind*): »Wie lebhaft und bestimmt unsere Sinneswahrnehmungen aber auch sein mögen, sie sind doch Ideen, und das heißt: sie existieren im Geist oder werden von ihm wahrgenommen.«[237]

Derartige Formulierungen dürften es sein, die in der Rezeptionsgeschichte des Immaterialismus zu der Einschätzung geführt haben, dass die materielle Welt nur als eine ideelle oder imaginäre im Geist (*mind*) der Person existiere, die sie wahrnimmt. Insofern Berkeley exakt beim Wort genommen wird, dann ist es nicht sonderlich erstaunlich, dass er etwa auch von Immanuel Kant Folgendes vorgehalten bekommt: »Die Dinge im Raum für bloße Einbildungen«[238] zu halten. Aber nicht nur im Falle Kants wird der Immaterialismus als eine Theorie aufgefasst, die uns angeblich zu verstehen geben will, dass wir uns nicht in einer Welt aus festen – materiellen – Objekten befinden würden, sondern in einer aus nicht festen – eben immateriellen – Ideen.

Vielmehr teilen nahezu alle Interpreten, die den Immaterialismus als eine idealistische oder auch radikal subjektivistische Position auslegen, die

---

234 Hartmut Böhme, *Das Licht als Medium der Kunst*, S. 120.
235 George Berkeley, *Tagebuch*, 517a.
236 George Berkeley, *Prinzipien der menschlichen Erkenntnis*, § 1.
237 Ebd., § 33.
238 Immanuel Kant, *KrV*, B274-275.

hermeneutische Überzeugung, dass sich der Terminus *Idee* grundsätzlich – und demnach auch in Berkeleys Theorie – auf mentale Entitäten bezieht, die von physischen Gegenständen zu unterscheiden sind. Eine Vielzahl an populär gewordenen Einschätzungen des Immaterialismus gleichen sich in einem symptomatischen Punkt: Sie werden vor einem dualistisch ausgestalteten Verständnishorizont formuliert, der von einer begrifflichen und sachlichen Differenzierung ausgefüllt wird: der ontologischen Unterscheidung von Mentalem und Materiellem. Dieser Punkt ist es, der geradezu die konstitutiven Voraussetzungen dafür bildet, den Immaterialismus genauso einzuschätzen, wie es innerhalb der Mainstream-Rezeption George Berkeleys zum Konsens geworden ist: Als eine Theorie, die »ein Bild einer in den Strudel des Imaginären geratenen, anomischen Welt nach sich ziehe«[239].

Doch zu fragen ist fortan, ob man Berkeley damit gerecht zu werden vermag? Ist es überhaupt sinnvoll, den Immaterialismus vor einem Verständnishorizont zu lesen, der von einer Differenz von Geist und Materie ausgefüllt wird? Um diese Fragen in aller Angemessenheit beantworten zu können, ist folgendes – kumulatives – Vorgehen von Nöten: Unter Bezugnahme auf die Überlegungen Richard Rortys und Gilbert Ryles ist zunächst in einem Exkurs aufzuzeigen, dass es in Bezug auf die platonische und die von René Descartes geprägte – erkenntnistheoretische – Tradition völlig berechtigt sein mag, mentale Entitäten von materiellen Gegenständen zu unterscheiden. Im zweiten Gliederungspunkt dieses Teils der Arbeit wird in aller Ausführlichkeit zur Darstellung gebracht, dass sich der Immaterialismus mit dem in diesen Traditionen gepflegten Verständnis der Idee als einer Entität eigener Art nicht bruchlos in Übereinstimmung bringen lässt.

1.2 Die Voraussetzung: Die ontologische Differenz von Geist und Materie

In Richard Rortys *Der Spiegel der Natur* wird in aller Ausführlichkeit präsentiert, dass der Begriff der Idee sowohl in der platonischen Tradition als auch bei Descartes und Locke trotz aller Unterschiedlichkeiten in den einzelnen Positionen zumindest dahingehend in Übereinstimmung zu bringen ist, dass sich der Terminus *Idee* auf nicht-physikalische Entitäten bezieht.[240] Während aber bei Platon zwischen materiellem Stoff und ideeller Form (*eidos*) differenziert wird, gehen die Vertreter der neuzeitlichen Tradition – wie etwa

---

239 Hartmut Böhme, *Das Licht als Medium der Kunst*, S. 121.
240 Richard Rorty, *Der Spiegel der Natur*, S. 44 ff.

Descartes und Locke – davon aus, dass Ideen mentale Repräsentationen einer an und für sich unzugänglichen Außenwelt im ›Inneren‹ des Subjekts seien. Gleichwohl ähneln sich beide Traditionen genau darin, dass sie der Auffassung sind, dass Ideen geistige Entitäten sind. Deshalb vertritt Rorty die Meinung, dass »die Konstruktion einer Lockeschen Idee nach genau dem gleichen Schema wie die Konstruktion einer Platonischen Form erfolgt.«[241] Sowohl in der platonischen als auch in der erkenntnistheoretischen Tradition wird »einfach eine einzelne Eigenschaft von etwas abgehoben (die Eigenschaft, rot oder schmerzhaft oder gut zu sein) und so behandelt, als wäre sie selbst ein Subjekt für Prädikationen und womöglich noch ein Ort kausaler Wirksamkeit.«[242] Rorty zufolge ist »eine platonische Form lediglich eine isoliert betrachtete Eigenschaft, von der man annimmt, sie könne Kausalbeziehungen in Gang bringen.«[243] Die Parallele zu den Konzeptionen Descartes und Lockes liegt für Rorty auf der Hand: Sowohl Descartes als auch Locke gehen nicht minder davon aus, dass eine Idee »etwas ganz besonderes Einzelnes«[244] sei, dessen »Natur nur eine einzige Eigenschaft umfasst«[245]. Bei aller Unterschiedlichkeit des Platonismus und der Konzeption Descartes im Detail – der Platonist setzt das »Mentale-qua-Vernunft«[246], seit René Descartes wird das »Mentale-qua-Bewusstsein«[247] definiert – kann gesagt werden, dass sowohl bei Platon als auch bei Descartes Ideen aus einem »mentalem Stoff«[248] bestehen.

Sie sind – wie es Rorty mit Humor zu fassen versucht – »dünne, hauchige und durchsichtige Dinge.«[249] Obwohl aber fest steht, dass Platon kein Pendant zur Bewusstseins-Konzeption Descartes kannte und Descartes keinerlei Interesse an einer universellen Ideenlehre im Sinne Platons zeigt, können wir uns bei beiden Ideen als »mentale Entitäten denken«[250]. Derartige Überlegungen übernimmt Rorty beinahe exakt von Gilbert Ryle. Wie auch Rorty begreift Ryle Ideen als »Bilder mit besonderem Status«[251]. Der Terminus *Idee* gilt »im allgemeinen als eine Wesenheit, die im wahren Sinn des Wortes existiert, und zwar woanders als in der Außenwelt«[252].

---

241 Ebd., S. 43.
242 Ebd., S. 43 ff.
243 Ebd.
244 Ebd., S. 41.
245 Ebd.
246 Ebd., S. 67.
247 Ebd.
248 Ebd., S. 41.
249 Ebd.
250 Ebd., S. 34.
251 Gilbert Ryle, *Der Begriff des Geistes*, S. 339.
252 Ebd., S. 335.

Unter Bezugnahme auf diese Vorarbeit Ryles in *The Concept of Mind* gelangt Richard Rorty zu der für die hiesige Untersuchung entscheidenden These: Sowohl in der platonischen als auch in der erkenntnistheoretischen Tradition ist man an zwei separaten – ontologisch abtrennbaren – Seinsbereichen interessiert: An einer Welt des Physischen – der Welt der Gegenstände – und an einer Welt des Geistes – der Welt der Ideen. Nicht nur bei Platon sondern auch bei Locke oder Descartes wird eine »ontologische Kluft«[253] zwischen zwei Welten ›heraufbeschwört‹: »Die Welt teilt sich auf in etwas, dessen Natur sich in der Weise erschöpft, auf die es erscheint (das Physische, M. H.), und etwas, dessen Natur sich hierin nicht erschöpft (das Mentale, M. H.).«[254] Beachtlich ist, dass sowohl Ryle als auch Rorty eine solche – die Welt zweiteilende – Kluft als eine schiere Konstruktion auszuzeichnen pflegen, die mit »absurden Konsequenzen«[255] verbunden sei. So wie etwa der, dass sich auf deren Basis Ideen scheinbar problemlos als »fleischlose Wesen«[256] begreifen lassen. Diesbezüglich schreibt Ryle: »Sowohl unter Fachleuten als auch unter Laien besteht eine Neigung, dem von der Einbildungskraft hervorgebrachten (gemeint sind Ideen, M. H.) eine Art jenseitiger Wirklichkeit zuzuschreiben und dann den Geist als den verborgenen Wohnsitz dieser fleischlosen Wesen zu behandeln.«[257]

Allerdings stellen sich solche »Neigungen« für Ryle nach genauerer Analyse als *Kategorienverwechslung* heraus. Der »polarer Gegensatz zwischen Geist und Materie« beruhe auf dem Glauben daran, »daß sie Ausdrücke desselben logischen Typs sind.«[258] Die Ursprünge der *Kategorienverwechslung* meint Ryle vor allem im »Dogma des Gespensts in der Maschine«[259] auszumachen, womit ganz offensichtlich Descartes Lehre einer *res cogitans* und einer *res extensa* gemeint ist. Dass diese »ganz und gar falsch ist«[260], gehört zu Ryles Hauptthesen. Der Grund hierfür lautet: »Sie stellt die Tatsachen des Geistesleben so dar, als gehörten sie zu einem bestimmten logischen Typ oder einer Kategorie (oder zu einer Reihe von Kategorien und Typen), während sie in Wirklichkeit zu einer anderen gehören.«[261] Kurzum: Descartes habe die »logischen Kategorien

---

253 Richard Rorty, *Der Spiegel der Natur*, S. 40.
254 Ebd., S. 41.
255 Gilbert Ryle, *Der Begriff des Geistes*, S. 24.
256 Ebd., S. 335.
257 Ebd.
258 Ebd., S. 23.
259 Ebd., S. 13.
260 Ebd.
261 Ebd., S. 13 ff.

zur Einordnung der Begriffe der geistigen Vermögen und Tätigkeiten falsch ausgewählt«[262].

Diese Thesen sind für Richard Rorty noch viel zu milde formuliert. Für ihn geht Ryle nicht weit genug, weil er »gewisse Empfindungen« – die einem Dualismus von Geist und Materie auch weiterhin noch Spielräume lassen – »unangetastet gelassen hat«[263]. Im *Spiegel der Natur* schreibt Rorty deshalb, dass ausnahmslos alle »Hintergrundannahmen«[264] aufs schärfste zu kritisieren seien, in denen Mentales oder Geistiges als ein Singuläres behandelt wird. Und zwar genau deswegen weil solche Annahmen nicht etwa nur durch *Kategorienverwechslungen* zustande kommen, sondern vollständig erst durch eine visuelle Metaphorik produziert werden: »Nicht Sätze, sondern Metaphern dominieren den größten Teil unserer philosophischen Überzeugungen.«[265] Das behauptet Rorty bereits in der Einleitung seines Buches.

Festzuhalten ist, dass es – trotz der nicht geringfügigen theoretischen Differenzen – zu einem der Hauptanliegen sowohl von Rorty als auch von Ryle gezählt werden kann, eine ontologische Zweiteilung der Wirklichkeit in eine geistige und eine materielle nicht nur als eine Konstruktion, sondern vor allem als einen fatalen Mythos in der westlichen Philosophie zu brandmarken. Beide Autoren teilen die Meinung, dass sich die so genannte »Zweiweltenlegende«[266] (*two-worlds story*) derartig tief in unsere Denkweise eingeschlichen hat, dass wir noch immer mit deren Konsequenzen zu kämpfen haben. Hin und Wieder verfangen wir uns geradezu unbemerkt »in den Maschen des Dogmas vom Gespenst in der Maschine«[267]. Diese Behauptung Ryles versucht Rorty mit der Hilfe eines Beispieles zu verdeutlichen: »Diskussionen innerhalb der Philosophie des Geistes gehen gewöhnlich davon aus, jedermann wisse immer schon, wie er die Welt in Mentales und in Physisches aufzuteilen habe – diese Unterscheidung sei eine intuitive und werde auf der Basis des gesunden Menschenverstandes getroffen, wenn auch die Unterscheidung zweier Arten von ›Stoff‹, eines materiellen und eines immateriellen, philosophisch und verwirrend sei.«[268] Das führt Rorty noch weiter aus: »Wenn wir auch den Gedanken eines ›mentalen Stoffes‹ verabschieden, wenn wir die Idee einer *res cogitans* als eines prädikativen Subjekts aufgeben, wir scheinen gleichwohl in der Lage zu sein, das Mentale vom Körperlichen zu unterscheiden; und wir tun

---

262 Ebd., S. 4.
263 Richard Rorty, *Der Spiegel der Natur*, S. 118.
264 Ebd., S. 13.
265 Ebd., S. 22.
266 Gilbert Ryle, *Der Begriff des Geistes*, S. 185.
267 Ebd., S. 75.
268 Richard Rorty, *Der Spiegel der Natur*, S. 27.

dies auf eine mehr oder weniger cartesianische Weise. Diese vermeintlichen Intuitionen reichen hin, so etwas wie einen cartesianischen Dualismus am Leben zu erhalten.«[269] Philosophen, die derartige Intuitionen auch weiterhin pflegen, werden von Rorty Neodualisten genannt: »Solche Neodualisten unter den Philosophen kommen jedoch durch ihre eigenen Konklusionen in eine für sie peinliche Lage; denn wenn ihre Intuitionen auch cartesianische zu sein scheinen, sie sind sich nicht darüber im klaren, ob sie überhaupt berechtigt sind, so etwas wie ›metaphysische Intuitionen‹ zu *haben*.«[270]

Worauf Rorty mit dieser Aussage zielt, ist die von ihm im Verlauf seines Buches vorgetragene und verteidigte These, dass Intuitionen solcher Art allein durch ein metaphorisches Vokabular erzeugt werden: Einem Vokabular, das zumeist ein visuelles ist und das sich im Verlauf der Philosophiegeschichte zu Paradigmen verdichten konnte. Auf diese Weise hat es sich beinahe unbemerkt verselbständigt: Bisweilen zu Intuitionen, die nicht etwa auf Erfahrung basieren, sondern allein durch die Sprache erzeugt sind. Die transzendentale Bedingung für die Entstehung und Ausweitung eines Dualismus' von Körper und Geist ist für Rorty also nicht das Produkt von Erfahrung, sondern ein mehr oder weniger bereitwillig mitgemachtes Sprachspiel. Demzufolge hält Rorty sämtliche Intuitionen, mit denen angeblich zwischen Mentalem und Materiellem unterschieden werden könne, »für nicht mehr als unser Vermögen, ein gewisses technisches Vokabular zu beherrschen.«[271]

Ähnliche Gedanken zu denen Rortys lassen sich bereits vor der Veröffentlichung von *Der Spiegel der Natur* im Jahre 1979 in Jacques Derridas 1967 erschienener Schrift *Die Stimme und das Phänomen* auffinden – wenn auch in einer weniger klaren Schreibweise als der Rortys. Aus Derridas Überlegungen lässt sich aber dennoch nicht minder Schlussfolgern, dass sich die metaphysische Komponente der platonischen Tradition auch in Theorien hinein verschleppt hat, die explizit von sich behaupten, gegen die klassische Metaphysik gerichtet zu sein: Durch die all zu selbstverständliche Verwendung einer ›vorbelasteten Sprache‹, mit der sich das Erbe der traditionellen Metaphysik nicht ad acta legen lässt. So auch im Falle der modernen – auf René Descartes zurückgehenden – Erkenntnistheorie: Obwohl der Metaphysik spätestens mit Descartes kritischem Programm offiziell der Kampf angesagt worden ist, setzt die Moderne das alte Projekt – »dem stiftenden Gegensatz der Metaphysik, nämlich dem der Form (des *eidos* oder der Idee) und der Materie«[272] – geradezu

---

269 Ebd.
270 Ebd., S. 28.
271 Ebd., S. 33.
272 Jacques Derrida, *Die Stimme und das Phänomen*, S. 86.

unbemerkt fort. Deshalb ist Derrida der Meinung, dass »das Vorhaben einer Erkenntnistheorie, selbst wenn es sich durch die ›Kritik‹ von diesem oder jenem spekulativen System freigemacht hat, von Beginn an der Geschichte der Metaphysik angehören würde.«[273]

Nur wenige Jahre nach der Veröffentlichung von Derridas *Die Stimme und das Phänomen* schreibt Richard Rorty konsequenterweise, dass »das Saatgut der metaphysischen Probleme unter den erkenntnistheoretischen Schwierigkeiten zu suchen ist.«[274] Doch während sich Rortys Kritik der Philosophie auf sämtliche dualistische und neodualistische Theorien bezieht, wendet sich die von Derrida in *Die Stimme und das Phänomen* formulierte ganz besonders gegen grundsätzliche Behauptungen Edmund Husserls. Derrida ist nämlich der Ansicht, dass auch Husserls Bewusstseins-Theorie eindeutig metaphysische Bestandteile in sich trägt. Er wirft Husserl vor, das eigene – explizit vorgetragene – Programm einer erfahrungsbasierten, ahistorischen und intuitionistischen Philosophie nicht einlösen zu können: Aufgrund der Tatsache, dass Husserl den »für die Metaphysik inauguralen Gegensatz zwischen Form und Stoff«[275] implizit in seiner Redeweise aufrecht erhält. Der Clou von Derridas Kritik an Husserl besteht darin, dass sie das in Husserls Schriften implizit Verborgene zum Expliziten macht: Husserl wird eines verkappten Metaphysikgebrauchs beschuldigt. Obwohl Husserls explizit vorgibt, antimetaphysisch in dem Sinne zu verfahren, dass er »alle metaphysischen Abenteuer, alle spekulativen Überschwenglichkeiten«[276] auszuschließen versucht, wiederholt er doch implizit das metaphysische Erbe, das sich ausgehend von Plato über die die Neuzeit prägende Erkenntnistheorie Descartes bis hin zu seiner Phänomenologie weiter verbreiten konnte. Derrida führt dieser Befund zu einer seiner Hauptthesen: Er ist der Meinung, dass alle Behauptungen, in denen explizite oder implizite Wesensunterscheidungen zwischen mentalen und körperlichen Welten auszumachen sind, nicht auf Intuitionen basieren, sondern allein durch Sprache erzeugt werden. Am Beispiel von Husserls phänomenologischen Schriften versucht er diese These zu belegen. Er wirft Husserl vor, dass er sich noch immer in Kontexten der klassischen Metaphysik bewegen würde: Trotz seiner phänomenologischen Ausgangsbasis sei es Husserl nicht gelungen, die spekulative Metaphysik hinter sich zu lassen.

In dessen voluminösen Arbeiten wird durchweg ein impliziter Dualismus von Körper und Geist – trotz deren begrifflicher Zusammenführung im

---

273 Ebd., S. 11 ff.
274 Richard Rorty, *Der Spiegel der Natur*, S. 269.
275 Jacques Derrida, *Die Stimme und das Phänomen*, S. 13.
276 Edmund Husserl, *Cartesianische Meditationen*, § 60.

Leib – am Leben erhalten. Am Deutlichsten komme das in dem von Husserl häufig verwendeten, »rätselhaften Begriff des Parallelismus«[277] zum Vorschein. Derrida zufolge zeugt dieser davon, dass die in der Phänomenologie Husserls beschworene »Einheit von Seele und Körper« lediglich eine »aus Teilen zusammengesetzte ist«[278]. Auch Husserl ›leidet‹ im Grunde genommen noch immer an den Symptomen einer scheinbar ›unheilbaren Krankheit‹, die die Philosophen bereits seit der Antike in regelmäßigen Abständen und in unterschiedlichen Ausformungen heimsucht: der Trennung des Geistes vom Körper. Trotz einiger Therapieversuche in der Geschichte der Philosophie, die nicht erst mit Ludwig Wittgensteins therapeutischem Sprachprogramm einsetzen, sondern bereits von den Kynikern im antiken Griechenland performativ zur Nachahmung vorgelebt worden waren, bemerkt Husserl nicht, dass die in seine Phänomenologie hineinverschleppten Symptome von der geradezu neurotischen Wiederholung der alten »Zweiweltenlegende« verursacht werden. In aller Kürze: Auch in Husserls Phänomenologie verbirgt sich der »Gegensatz von Körper und Seele«[279]. Daraus zieht Derrida die Schlussfolgerung, dass unsere ganze Sprache, deren wir uns bedienen müssen, um Parallelismen zwischen Geistern und Körpern zu deklarieren, unter Anklage stehen müsse.

Es ist dieser Punkt, der auch in Richard Rortys Anklageschrift *Der Spiegel der Natur* ins Zentrum gerückt wird: »Für Dualisten ist es verlockend, zur Sprache aufzusteigen und von ›unterschiedlichen Vokabularen‹ oder ›alternativen Beschreibungsweisen‹ zu sprechen. Dieser Jargon legt nahe, daß es sich bei den fraglichen dualistischen Intuitionen nur um eine unterschiedliche Sprechweise über dasselbe Phänomen handelt, und scheint uns somit von einem Dualismus zu so etwas wie Spinozas Theorie zweier Aspekte zu führen. Die Frage ›Zwei Aspekte wovon?‹ erschwert jedoch das Festhalten an dieser Position beträchtlich.«[280]

Warum es das tut, beantwortet Rorty mit einer simplen Feststellung: Auch eine solche – unterschiedliche Aspekte desselben Phänomens anvisierende – Redeweise setzt einer dualistischen Unterscheidung »von Anfang an zu«[281]. Sie gehört für die bis hierher erwähnten Kritiker – also für Derrida, Rorty und auch für Ryle – prinzipiell einem Mythos an: Dem Mythos, »daß einige Dinge in der physikalischen Welt existieren oder geschehen, andere dagegen

---

277 Jacques Derrida, *Die Stimme und das Phänomen*, S. 21.
278 Ebd., S. 78.
279 Ebd., S. 50.
280 Richard Rorty, *Der Spiegel der Natur*, S. 28.
281 Ebd., S. 27.

nicht in jener Welt existieren oder geschehen, sondern an einem anderen, metaphorischen Ort.«[282]

Vor diesem theoretischen Hintergrund ist im Fortlauf dieses Teils der Arbeit der Frage nachzugehen, ob Ideen auch in Berkeleys Theorie als jene »fleischlosen Wesen«[283] bezeichnet werden können, als die sie etwa von Gilbert Ryle dargestellt werden. Sollten Ideen also etwa auch im Immaterialismus als »Bilder mit besonderem Status«[284] verstanden werden, die in einer eigenständigen – von den Körpern losgelösten – Welt als »dünne, hauchige und durchsichtige Dinge«[285] existieren? Wird man Berkeley gerecht, wenn man ihm vorwirft – wie dies beispielsweise Hartmut Böhme tut – eine Theorie vorgelegt zu haben, die »ein Bild einer in den Strudel des Imaginären geratenen, anomischen Welt nach sich zieht?«[286] Wenn dem so sein sollte, dann müsste auch der Immaterialismus als eine Konzeption zu gelten haben, die auf dem »stiftenden Gegensatz der Metaphysik, nämlich dem der Form (des *eidos* oder der Idee) und der Materie«[287] basiert: Als ein Vorhaben, das den für die Metaphysik »inauguralen Gegensatz zwischen Form und Stoff«[288] implizit oder explizit fortschreibt. Das dies schon in Bezug auf den Programmtitel von Berkeleys schriftstellerischen Unternehmungen gegeben zu sein scheint, liegt – wie dies die Eingangs aufgereihten Vorwürfe nicht minder zu zeigen vermögen – für eine Vielzahl an Interpreten geradewegs auf der Hand.

Was sollte eine Theorie des Immaterialismus schon anderes vorzuweisen haben als ein Konzept, das eine von der körperlichen Welt losgelöste und demnach singuläre und geistige Existenzform in den Fokus rückt? Geht nicht auch Berkeley »dem Dogma des Gespenstes in der Maschine«[289] auf den Leim? Worauf all diese Fragen zu zielen versuchen, sollte klar geworden sein: Es scheint geradewegs offensichtlich zu sein, dass Berkeleys Theorie dem von John Locke in den englischen Empirismus überführten Mythos der Idee als einer mentalen Repräsentation der materiellen Außenwelt zugeordnet werden kann. Demnach könnte auch Berkeley ein schneller Prozess gemacht werden: In Bezug auf die von ihm verwendete Terminologie lässt sich

---

282 Gilbert Ryle, *Der Begriff des Geistes*, S. 180.
283 Ebd., S. 335.
284 Ebd., S. 339.
285 Richard Rorty, *Der Spiegel der Natur*, S. 41.
286 Hartmut Böhme, *Das Licht als Medium der Kunst*, S. 121.
287 Jacques Derrida, *Die Stimme und das Phänomen*, S. 86.
288 Ebd., S. 13.
289 Gilbert Ryle, *Der Begriff des Geistes*, S. 105.

1 DIE METAPHORIK DER CAMERA OBSCURA

kein Bruch mit der Tradition des »Doppelweltsmythos«[290] feststellen: Auch Berkeley spricht zu Genüge davon, dass wir nicht etwa Gegenstände sondern Ideen wahrnehmen würden und diese wiederum nur in einem Geist (*mind*) existieren könnten.

Doch nach genauerer Prüfung der Sachlage ist in die Berufung zu gehen: Die hier gegen die offensichtlich vorliegende Beweislast vorgetragene These lautet deshalb, dass Berkeley zwar den Begriff der Idee verwendet, diesem aber eine neue – sich von der Tradition absetzende – Bedeutung verleiht. Für den einen oder anderen Leser mag diese These unnötig subtil erscheinen, gäbe es nicht aber Stellen in Berkeleys *Tagebuch*, die nicht nur in die Richtung dieser These zu weisen vermögen, sondern auch davon zeugen, dass Berkeley den eigenen Sprachgebrauch reflektiert hat. So schreibt er dort mit Bezugnahme auf die Einleitung seiner *Prinzipien der menschlichen Erkenntnis*: »Excuse to be made in the Introduction for the using the Word Idea. Because it has obtain'd.«[291] In einem anderen Eintrag notiert er sich: »Es ist klug die Irrtümer der Menschen ohne die Veränderung ihrer Sprache zu berichtigen.«[292] Zudem vermerkt er sich auch: »Die Unterscheidung zwischen geistiger und materieller Welt ist leer.«[293] Vor allem diesen letzten Eintrag kann man in seiner Tragweite für das hiesige Berufungsverfahren nicht überschätzen, weist er doch mit der wohl größten Klarheit darauf hin, dass bei Berkeley ein Problembewusstsein für dualistische Konzeptionen vorhanden gewesen sein muss.

Doch nicht nur mit Berkeleys persönlichen Notizen lässt sich das hiermit eröffnete Verfahren rechtfertigen, sondern auch unter Hinzuziehung einer Aussage des Berkeley-Spezialisten Collin Turbayne. Im Jahr 1959 bemerkt dieser in einem für die hiesige Untersuchung wegweisenden Aufsatz: »Berkeley's philosophy needs re-examination from a new starting point.«[294] Das wird in dieser Arbeit ausnahmsweise wörtlich genommen – allerdings unter Vorbehalt: Zu betonen ist nämlich, dass es sich in unserem Berufungsverfahren nicht um eine Verteidigung der Philosophie Berkeleys unter neuartigen Gesichtspunkten handeln wird. Ganz im Gegenteil geht es auch in diesem Teil der Arbeit letztendlich um den Beleg der Annahme, dass Berkeleys Philosophie als ein Paradebeispiel gelten kann, anhand dessen sich aufzeigen lässt, wie die von Hans Blumenberg so genannten »Substrukturen des

---

290 Ebd., S. 24.
291 George Berkeley, *Tagebuch*, 685.
292 Ebd., 185.
293 Ebd., 538.
294 Collin M. Turbayne, *Berkeley's Two Concepts of Mind*, S. 86.

Denkens«[295] wieder in Bewegung geraten: Der Immaterialismus ist die Weiterentwicklung wirkmächtiger Auffassungen, die in der Aufklärung dominieren.

Um das aber aufzeigen zu können, müssen Berkeleys Schriften metatheoretisch gelesen werden. Das Verfahren wird demnach auch in diesem Teil der Arbeit im Sinne der subsidiären Methode gestaltet: Zuallererst kommt es darauf an, den Fokus auf die Hintergrundannahmen des Immaterialismus neu auszurichten. Erst dann wird sich in aller Breite und Tiefe nachvollziehen lassen, dass dieser nicht ›widerstandsfrei‹ zu dem an die »Zweiweltenlegende« gebundenen Gedanke der *Idee* als »fleischloses Wesen«[296] hinzugezählt werden kann. ›Nicht widerstandsfrei‹ meint hier, dass Berkeley zwar noch mit einem Bein in der Tradition steht, diese aber mit dem anderen schon wieder verlassen hat. Auf diese Weise – so die Fortführung der These – versucht Berkeley den Mythos der *Idee* als einer mentalen Repräsentation zu unterlaufen: Das ›traditionelle Erbe‹ präsentiert Berkeley seiner Leserschaft in einer ausschließlich redigierten Form. Kurzum: Im Immaterialismus können alternative »Substrukturen« im Vergleich zu der »Zweiweltenlegende« aufgefunden werden.

Um das aber in einsichtiger Weise darstellen zu können, ist es von Nöten, die Implikationen eines Modells aufzuarbeiten, das entscheidend dazu beigetragen hat, dass es in der Aufklärung überhaupt zu einer Fortschreibung des »Zweiweltenmythos« gekommen ist: Gemeint ist damit ein Modell, das die Bewusstseinstheorie von John Locke und die Theorie der Wahrnehmung René Descartes im höchsten Maße bestimmt: die Camera obscura.

1.3 Die Implikationen des Camera obscura-Modells

Die Camera obscura basiert auf einer einfachen Bauweise, die René Descartes im fünften Kapitel seiner *Dioptrik* beschreibt: »Ein Mensch befindet sich in einem völlig verschlossenen Zimmer, das nur ein einziges Loch besitzt, vor das eine gläserne Linse gebracht wird. In einem gewissen Abstand davon spannt man ein weißes Tuch aus, auf dem das Licht, das von den äußeren Gegenständen ausgeht, die Bilder hervorbringt.«[297] Descartes gibt uns diese Information aber nicht etwa als Vorlage für den Bau einer eigenen Camera obscura. Anstelle dessen greift er den Mechanismus der seinerzeit verbreiteten und beliebten Apparatur auf, um mit deren Hilfe den Sehvorganges muster-

---

295   Hans Blumenberg, *Paradigmen zu einer Metaphorologie*, S. 16.
296   Gilbert Ryle, *Der Begriff des Geistes*, S. 335.
297   René Descartes, *Von den Bildern im Auge*, in: *Descartes Dioptrik*, S. 90.

1 DIE METAPHORIK DER CAMERA OBSCURA

bildhaft erklären zu können. Er ist nämlich der Meinung, dass es für einen Anatom kein besseres Modell gäbe, das die Funktionsweise unserer Augen angemessen zu erklären vermag. Die Camera obscura dient in Descartes *Dioptrik* als »Analogie für das Auge.«[298] Das ist nicht eine Feststellung avant la lettre, sondern Descartes selbst lässt keinen Zweifel daran aufkommen, dass wir uns den Sehvorgang mit Hilfe einer solchen Kamera in angemessener Weise vorstellen können: »Das Loch ist die Pupille, das Glas entspricht dem Kristallwasser, oder besser allen Teilen des Auges, die eine Brechung hervorrufen.«[299]

Dass Descartes jedoch keineswegs der erste war, dem die Camera obscura als zweckdienliche Vorlage für die Erklärung optischer Vorgänge dient, stellt Jonathan Crary in der hierfür einschlägigen Studie *Techniken des Betrachters* heraus. Er schreibt: »Seit Ende des 16. Jahrhunderts beginnt die Metapher der Camera obscura allmählich eine herausragende Bedeutung anzunehmen, um die Beziehung zwischen Betrachter und Welt zu definieren und abzustecken. Im Verlaufe nur weniger Jahrzehnte gilt die Camera obscura nicht mehr nur als einer unter vielen Apparaten oder eine Möglichkeit des Betrachtens, sondern als die obligatorische Stätte, von der her das Sehen begriffen und dargestellt werden kann.«[300]

Fest steht, dass die Camera Obscura durch Descartes *Dioptrik* enorme Verbreitung fand. Jonathan Crary spricht deshalb »vom cartesianischen Paradigma der Camera Obscura.«[301] Ob das Modell der Camera obscura aber auch ein für die Erklärung des Sehvorganges geeignetes ist, steht hier außer Frage. Worauf es fortan einzig und allein ankommt, sind die mit diesem Modell verbundenen Implikationen: Diese können – je nachdem zu welcher philosophischen Position man sich zu bekennen pflegt – mehr oder weniger fatal ausfallen.

Das Modell der Camera obscura arbeitet einerseits mit der Annahme, dass wir als Wahrnehmende oder – spezifischer formuliert – als Sehende in einer nur indirekten Art und Weise auf die Welt schauen: Anstelle von materiellen Gegenständen sehen wir deren Repräsentationen in der Form von Bildern. Wie die in der Camera obscura befindliche Person betrachten wir – nach diesem Modell – im Sehvorgang nicht etwa Dinge oder Objekte, sondern Bilder von ihnen, die sich ausschließlich in unserem Auge befinden würden. Das Auge stellt sich Descartes wie eine Leinwand vor, auf der Bilder einer Außenwelt

---

298 Douwe Draaisma, *Die Metaphernmaschine*, S. 109.
299 René Descartes, *Von den Bildern im Auge*, in: *Descartes Dioptrik*, S. 90.
300 Jonathan Crary, *Techniken des Betrachters*, S. 48 ff.
301 Ebd., S. 53.

erscheinen. Dabei unterscheidet Descartes zwischen unseren Empfindungen und den Dingen, die diese in uns hervorrufen: die *äußeren* Ursachen der *inneren* Repräsentationen im Auge sind demnach voneinander zu separieren. Das mag überzogen klingen, doch ist zu berücksichtigen, dass Descartes Rückgriff auf das Modell der Camera obscura zuvorderst unter anatomischen Aspekten erfolgt: Descartes ist nicht an einer treffenden Beschreibung, sondern an einer modellbasierten Erklärung des Sehvorganges interessiert. Lambert Wiesing stellt das in aller Kürze heraus: »Descartes interessiert nicht die Weise, wie etwas in der Wahrnehmung gegeben ist, denn nach dieser glaubt der Wahrnehmende ja gerade nicht, ein Bild wahrzunehmen. Das entscheidende Merkmal an dem Vergleich dürfte daher sein, daß das Modell mit der Unterstellung einer normalerweise unerkannten Illusion arbeitet: Man glaubt als Wahrnehmender fälschlicherweise, die Welt direkt und unvermittelt wahrzunehmen. Die Wahrnehmung funktioniert aber in Wahrheit, wenn sie in Analogie zur Funktionsweise der Camera obscura beschrieben wird, mit Bildern, die das eigentliche und direkte Objekt der Wahrnehmung sind.«[302]

Das lässt sich an einem Beispiel verdeutlichen: Stellen wir uns vor, in einem nüchternen Zustand auf einer Bank in einem Garten zu sitzen. Unser Blick ist auf den nur wenige Meter entfernten Apfelbaum ausgerichtet. Plötzlich kommt eine uns unbekannte Person hinzu und fragt: »Was siehst du?« Unsere Antwort fällt kurz aus: »Einen Apfelbaum.« Daraufhin wendet der Unbekannte ein: »Aber nein, ich möchte nicht wissen, was du zu sehen glaubst, sondern von dir erfahren, was du in Wahrheit siehst!« Noch einmal geben wir dem Unbekannten zu verstehen, dass wir nichts anderes als einen Apfelbaum im Blickfeld haben. Der Unbekannte tritt näher, setzt sich neben uns und gibt sich als ein Philosoph zu erkennen. Mit ernster Stimme spricht er zu uns: »Mein lieber Freund, du meinst zwar einen Baum zu sehen, doch als ein Philosoph versichere ich dir, dass du lediglich ein Bild von einem Apfelbaum siehst, dass du dir als eine kausal verursachte Repräsentation eines an und für sich Unbekannten X vorstellen kannst. Diese repräsentative Darstellung befindet sich in deinem Inneren oder – genau genommen – in deinem Auge. Allerdings kann ich dir eine solche Darstellung nicht in natura zeigen. Ich muss sogar eingestehen, dass ich nicht einmal weiß, ob wir in diesem Moment das gleiche Bild eines Apfelbaumes sehen. Wir schauen beide nicht in die Welt sondern ausschließlich in uns selbst.« In dieser banalen Beispielsituation ist der wohl problematischste Punkt des Modells der Camera auszumachen: Es arbeitet mit der Annahme, dass wir als Wahrnehmende nicht eine uns allen gleichermaßen zugängliche Welt ansehen. Anstelle dessen ›klafft zwischen uns und

---

302 Lambert Wiesing, Einleitung, in: *Philosophie der Wahrnehmung*, S. 24.

der Welt eine Lücke‹, die nur indirekt – und zwar mit Hilfe von kausal verursachten Bildern – ›überbrückt‹ werden kann. Metaphorisch gesprochen, sind wir als eine lebende Camera obscura von unserer Umwelt getrennt. Hält man Descartes Modell der Wahrnehmung für ein plausibles, dann kommt man nicht daran vorbei, sich auch zu dessen fragwürdigster Implikation zu bekennen: Nämlich, dass es zum Schicksal eines Wahrnehmenden gehört, »nicht in die Welt zu schauen, sondern in sich selbst.«[303] Kurzum: Wir führen ein Dasein in Isolation. Wir sind dazu verdammt in Einsamkeit zu leben.

Doch dabei bleibt es nicht. Zu dieser Implikation gesellt sich eine zweite – nicht weniger problematische: Dem Camera obscura-Modell inhäriert eine mechanische Komponente. Das Verhältnis zwischen dem Wahrnehmenden und der Welt ist ein kausales. Repräsentationen entstehen demnach nicht von selbst, sondern werden auf der Basis kausal-mechanischer Gesetzmäßigkeiten verursacht. Diesbezüglich schreibt Wiesing: »Die Wahrnehmung ist ein Repräsentationsvorgang, bei dem sich die Entstehung der Repräsentation im wahrnehmenden Subjekt kausal – sei es physikalisch oder neurophysiologisch – beschreiben läßt – ein Gedanke, der bis in die Gegenwart hinein, insbesondere in der Kognitionswissenschaft, große Attraktivität genießt.«[304] Vor allem diese Implikation dürfte es sein, die dazu geführt hat, dass sich die Camera obscura als ein interdisziplinäres Modell herausstellen konnte. Als ein Modell, das nicht nur in Descartes Rationalismus zum Einsatz kommt, sondern unter anderem auch in dessen philosophischem Gegenpol – dem Empirismus John Lockes.

In der Philosophie Lockes ist das Modell der Camera obscura in einem Ausmaß vorzufinden, das nur schwer zu überbieten ist: Im Gegensatz zu René Descartes nutzt er das Modell der Camera obscura nämlich nicht nur zur Erklärung von Wahrnehmungsvorgängen. Vielmehr dient es ihm als eine musterbildhafte Vorlage, auf deren Basis sich die Funktionsweise des Bewusstseins in Gänze erläutern lässt. John Locke dehnt die Implikationen des Modells der Camera obscura auf das Gesamtphänomen des Bewusstseins aus. An diesem Sachverhalt ›offenbart‹ sich ein für alle Paradigmen typisches Phänomen: Sie zeichnen sich vor allem dadurch aus, dass man sie in den verschiedensten Lagern und Disziplinen in unterschiedlichen Stärkegraden ausfindig machen kann. Dass also auch Locke von den paradigmatischen Vorstellungen der Camera obscura gebrauch macht, ist nicht sonderlich überraschend. Was dagegen aber für Verblüffung sorgen könnte, ist der Umstand, dass er sich als ein

---

303 Ebd., S. 24.
304 Ebd.

auf Erfahrung berufender Theoretiker überhaupt auf das Modell der Camera obscura einlässt.

Wie die meisten Empiristen fordert auch Locke, dass sich alle Behauptungen durch Erfahrungen rechtfertigen lassen müssen: »Wer entscheiden will, ob ich die Wahrheit getroffen habe, den muß ich auf Erfahrung und Beobachtung verweisen; denn der beste Weg, die Wahrheit zu finden, besteht darin, die Dinge daraufhin zu prüfen, wie sie wirklich sind, nicht aber zu schließen sie seien so, wie wir es uns einbilden oder wie wir es uns vorzustellen von anderen gelernt haben.«[305] Obwohl derartige Forderungen in Lockes *Versuch über den menschlichen Verstand* vorgetragen werden, ist bereits an dieser Stelle vorwegzunehmen, dass die Metaphorik der Camera obscura mit Implikationen verbunden ist, die sich durch keinerlei Erfahrungen begründen lassen. Für die Philosophie Lockes ist das mit der Folge verbunden, dass sie nicht frei von einem performativen Selbstwiderspruch sein kann: Locke arbeitet mit den Implikationen eines Modells, die – entgegen der eigenen Ansprüche – nicht erfahren werden können. Warum sie das nicht können, ist fortan darzustellen.

Zunächst ist festzuhalten, dass sich Locke explizit zur Verwendung der Camera obscura bekennt. In seinem *Versuch* schreibt er: »Denn meines Erachtens ist der Verstand (*understanding*) einem Kabinett gar nicht so unähnlich, das gegen das Licht vollständig abgeschlossen ist und in dem nur einige kleine Öffnungen gelassen wurden, um äußere, sichtbare Ebenbilder oder Ideen von den Dingen der Umwelt einzulassen.«[306] Die schon in René Descartes Theorie der Wahrnehmung diagnostizierten Implikationen sollten sich demnach auch bei Locke ausmachen lassen können. Das ist auch der Fall: Locke ist der Meinung, dass sich der Mensch in keinerlei direktem oder unmittelbarem Verhältnis zur Welt befindet, weil er immer nur Repräsentationen von den Dingen in Form von Bildern (*ideas*) wahrzunehmen vermag. Der Wahrnehmungsvorgang wird von Locke als *sensation* bezeichnet.

Wie er sich diesen im Einzelnen vorstellt, beschreibt er in einer anderen Passage: »Wenn unsere Sinne mit bestimmten sinnlich wahrnehmbaren Objekten in Berührung treten, so führen sie dem Geist eine Reihe verschiedener Wahrnehmungen von Dingen zu, die der mannigfach verschiedenen Art entsprechen, wie jene Objekte auf die Sinne einwirken. Auf diese Weise kommen wir zu den *Ideen* [...]. Wenn ich sage, die Sinne führen sie dem Geist zu, so meine ich damit, sie führen von den Gegenständen der Außenwelt her dem Geist dasjenige zu, was in demselben jene Wahrnehmungen hervorruft.«[307]

---

305 John Locke, *Versuch über den menschlichen Verstand*, 2. Buch, XI. Kapitel, 17. Absatz.
306 Ebd., 15. Absatz.
307 Ebd., I. Kapitel, 3. Absatz.

Auf den ersten Blick lassen sich in dieser Passage so gut wie keine Veränderungen zu Descartes Verwendungsweise des Modells der Camera obscura ausmachen. Schaut man sich aber die von Locke verwendete Terminologie genauer an, macht sich der bereits erwähnte Ausbau des Modells deutlich bemerkbar: Locke vergleicht nicht mehr nur das Auge mit der Funktionsweise der Camera obscura, sondern das Bewusstsein überhaupt mit der Apparatur. Ein solch expansives Vorgehen kommentiert Lambert Wiesing wie folgt: »Locke entwickelt das Modell der Camera obscura um einen entscheidenden Schritt weiter, indem er eine bei Descartes angelegte Konstruktion der Wahrnehmung ausarbeitet und radikalisiert. Seine zentrale These lautet: Wenn die Wahrnehmung sich auf Bilder – diese Bilder werden von Locke als Ideen (*ideas*) angesprochen – richtet, dann ist die Funktionsweise der Wahrnehmung ein Vorbild für die innere Struktur des Bewusstseins überhaupt. Das Bewusstsein ist für Locke nicht nur im Fall der Wahrnehmung, sondern in seiner gesamten Funktionsweise nach dem Modell des Betrachters in einer Camera obscura zu beschreiben. Man kann sagen: Bei Locke wird die Wahrnehmungsphilosophie zu einer Art Leitdisziplin, also zu einer Art Vorbild für die Bewusstseinstheorie. Denn seine Vorstellung, was Wahrnehmung ist, bestimmt seine Antwort, was Bewusstsein überhaupt ist. Für Locke ist jeder Bewusstseinsinhalt – nicht nur Wahrnehmung, sondern auch Gedanken, Gefühle, Phantasien, Überzeugungen, Wünsche, Absichten – eine Idee oder Vorstellung, welche bewusst ist, weil sie als eine solche Idee im Bewusstsein wahrgenommen wird. Ein Bewusstsein von etwas zu haben wird so identisch mit dem Akt der Wahrnehmung von Ideen.«[308]

Erst durch eine solche Ausdehnung des Modells der Camera auf das Gesamtphänomen des Bewusstseins lässt sich für Locke zur Sprache bringen, dass »das, womit sich der Geist beim Denken befaßt, die dort vorhandenen Ideen sind.«[309] Unter Zuhilfenahme des Modells kann Locke behaupten, dass man sich einer Sache genau dann bewusst ist, wenn das Bewusstsein auf eine Idee gerichtet ist, die die Sache im »Audienzsaal des Geistes«[310] repräsentiert. Einzig und allein zu einer solchen Repräsentation haben wir einen unmittelbaren Zugang, nicht aber zu deren ›Quelle‹, die als die Ursache unserer sinnlichen Erfahrungen (*sensation*) im Unbekannten – eben außerhalb des »Audienzsaal des Geistes« – liegt. Die durch das Modell der Camera Obscura verloren gegangene Unmittelbarkeit zur Welt versucht Locke über diesen ›halsbrecherischen Umweg‹ zurückzuholen: Intime Vertrautheit herrscht

---

308 Lambert Wiesing, Einleitung, in: *Philosophie der Wahrnehmung*, S. 25.
309 John Locke, *Versuch über den menschlichen Verstand*, 2. Buch, I. Kapitel, 1. Absatz.
310 Ebd., III. Kapitel, 1. Absatz.

einzig und allein im »Kabinett« des Geistes. Es bleibt uns an dieser Stelle nichts anderes übrig, als zu fragen, woher Locke das alles weiß? Lässt sich denn unter Berufung auf Erfahrung mit Berechtigung behaupten, dass eine ›Kluft‹ zwischen uns und der Welt besteht, die einzig und allein mit Hilfe von ideellen Repräsentationen behelfsmäßig überbrückt werden kann? Oder anders gefragt: Warum sollten wir nicht etwa reale Gegenstände sondern lediglich deren Repräsentationen in Form von Ideen wahrnehmen?

Mit aller Drastik erschließt sich uns spätestens hier, warum etwa Richard Rorty zu Recht der Meinung ist, dass eine Lockesche Idee nichts anderes als eine Art ›immaterielles Abziehbild‹ von der Welt sei. Sie ist – so kann man es auch mit Gilbert Ryle sagen – ein »fleischloses Wesen«[311], das von der materiellen Welt abgehoben wird, um sich in ›unserem Inneren‹ unmittelbar präsentieren zu können. Das lässt sich noch weiter spezifizieren: Weil auch Locke mit dem Modell der Camera obscura arbeitet, können wir auch in seiner Theorie jene ›mysteriöse Verwandlung‹ von physischen Gegenständen in Bilder ausmachen, die uns schon bei Descartes auffiel. Ein festes, materielles oder physikalisches Objekt wird im Sinne des Modells notwendigerweise in ein nicht festes, immaterielles oder nicht-physikalisches Bild (*idea*) transformiert werden müssen, damit es überhaupt im »Audienzsaal des Geistes« erscheinen kann.

Die Camera obscura Theoretiker werden in diesem Falle zu Opfern ihrer visuellen Metaphorik: Das Modell schließt es von vornherein aus, dass wir in eine gegenständliche und materielle Welt zu blicken vermögen. Es würde sich selbst abschaffen, wenn dessen Verfechter nicht auch die These vertreten würden, dass wir ungegenständliche und mentale Bilder in uns selbst betrachten. An dieser Implikation hält demnach auch Locke notwendigerweise fest. Das zeigt sich in einer seiner Aussagen besonders deutlich: »Überall also, wo Empfindung oder Wahrnehmung ist, wird wirklich eine Idee erzeugt und ist im Verstand gegenwärtig.«[312] Allerdings sind Behauptungen wie diese nicht nur unhaltbar, weil sie auf der Basis einer technischen Konstruktion erfolgen, sondern weil sie schlussendlich mit einem Wahrheitsanspruch auftreten. Und in dieser Hinsicht ist Lockes Theorie geradewegs zum Scheitern verurteilt: Locke verstrickt sich unausweichlich in performativen Selbstwidersprüchen: Er behauptet zwar explizit, dass sich all seine Behauptungen an der Erfahrung zu messen haben[313], doch er selbst vermag den eigenen Ansprüchen nicht gerecht zu werden. Denn: Inwieweit sollten sich Aussagen unter Berufung auf Er-

---

311 Gilbert Ryle, *Der Begriff des Geistes*, S. 335.
312 John Locke, *Versuch über den menschlichen Verstand*, 2. Buch, IX. Kapitel, 4. Absatz.
313 Ebd., XI. Kapitel, 15. Absatz.

fahrung verifizieren lassen, die einzig und allein durch ein visuelles Vokabular generiert werden? Oder – so fragt Wiesing: »Welche Erfahrungen sprechen für die These, dass der Gehalt der sinnlichen Wahrnehmung Repräsentationen der Außenwelt sind? Wo und wie kann man Ideen beobachten? Oder etwas bescheidener: Welche Beobachtungen geben eine Prämisse, aus der man logisch notwendig schlussfolgern kann, dass das unmittelbare Objekt des Bewusstseins in der sinnlichen Wahrnehmung keine materiellen Gegenstände, sondern Ideen sind?«[314]

Man kann sich des Eindrucks nicht mehr verwehren, dass Locke nicht etwa nur unter Zuhilfenahme einer technischen Apparatur modelltheoretisch zu philosophieren versucht, sondern die Implikationen des Modells wie ontologische Aussagen behandelt. Locke verfährt gerade nicht so, wie man es von einem Empiristen normalerweise erwarten würde – nämlich nicht mehr zu behaupten, als was sich durch Erfahrung bestätigen lässt. Im Gegenteil entpuppt sich Locke als ein Metaphysiker: Er verwischt den Unterschied zwischen dem Modell und der Wirklichkeit, um auf der Basis eines Modells das Phänomen des Bewusstseins erklären zu können.

Das ist erstaunlich: Haben wir doch im ersten Teil der Arbeit erfahren, dass sich auch Locke einem aufklärerischen *lumen rationale* verpflichtet fühlt, mit dem sich angeblich ein metaphysisches Gedankengut überwinden ließe. Doch wie etwa Richard Rorty feststellen muss, kommt Locke von der Metaphysik prinzipiell nicht los. Er ist vielmehr ein im Gewand des Empiristen verhüllter Metaphysiker: Locke verlagert »Schemen« der klassischen Metaphysik in neue Bereiche. Seine Behauptung, dass »unsere Sinne mit bestimmten sinnlich wahrnehmbaren Objekten in Berührung treten«[315], um »auf diese Weise zu den *Ideen* zu kommen, die wir von gelb, weiß, heiß, kalt, weich, hart, bitter, süß haben«[316], ist die Bestätigung der These Rortys: »Die Konstruktion einer Lockeschen Idee erfolgt nach genau dem gleichen Schema wie die Konstruktion einer Platonischen Form – wir heben einfach eine einzelne Eigenschaft von etwas ab (die Eigenschaft, rot oder schmerzhaft oder gut zu sein) und behandeln sie so, als wäre sie selbst ein Subjekt für Prädikationen und womöglich noch ein Ort kausaler Wirksamkeit. Eine Platonische Form ist lediglich eine isoliert betrachtete Eigenschaft, von der man annimmt, sie könne Kausalbeziehungen in Gang bringen. Eine phänomenale Entität ist genau das gleiche.«[317]

---

314   Lambert Wiesing, Einleitung, in: *Philosophie der Wahrnehmung*, S. 28.
315   John Locke, *Versuch über den menschlichen Verstand*, 2. Buch, I. Kapitel, 3. Absatz.
316   Ebd.
317   Richard Rorty, *Der Spiegel der Natur*, S. 43.

Aufgrund dieser Sachlage sollte man sich jedoch nicht vorschnell dazu hinreißen lassen, jegliche Unterschiede zwischen der antiken und der neuzeitlichen Ideen-Lehre zunichte zu machen. Wie Rorty unter Zuhilfenahme der Überlegungen Anthony Kennys festhält, »gab es im Griechischen und in der mittelalterlichen Tradition überhaupt keinen mit der Cartesisch-Lockeschen Verwendung von *idea* koextensiven Terminus, noch nicht einmal einen philosophischen Kunstausdruck«[318]. Nach Kenny ist es nämlich eine Neuheit der Konzeptionen Descartes und Lockes, dass Ideen als Bewusstseinsinhalte behandelt werden.[319] Und warum sie sogar als eine solche Neuheit behandelt werden müssen, macht sich in einem anderen Punkt noch viel deutlicher bemerkbar als in Lockes verkappter metaphysischer Theorie der *Sensation*: Werden Ideen als Bewusstseinsinhalte aufgefasst, kann das Subjekt mit Hilfe von *Reflexion* dabei ›zusehen‹, wie mit Ideen operiert wird.

Locke schreibt diesbezüglich: »Bewusstsein (*consciousness*) ist die Wahrnehmung (*perception*) dessen, was im eigenen Geiste (*mind*) vorgeht.«[320] Laut Locke können wir uns durch »die Wahrnehmung der Operationen des eigenen Geistes in uns«[321] als ein mit Bewusstsein ausgestattetes Wesen erkennen: Dank der Möglichkeit zur *Reflexion* sind wir zur Selbsterkenntnis befähigt. Für Locke gibt es demnach zwei Formen der Wahrnehmung: Eine äußere – *sensation* – und eine innere – *reflexion*. Worin das Besondere der zweiten Form besteht, können wir einer Passage aus Lockes *Versuch über den menschlichen Verstand* entnehmen: »Die andere Quelle, aus der die Erfahrung den Verstand mit Ideen speist, ist die Wahrnehmung der Operationen des eigenen Geistes in uns, der sich mit den ihm zugeführten Ideen beschäftigt. Diese Operationen statten den Verstand, sobald die Seele zum Nachdenken und Betrachten kommt, mit einer anderen Reihe von Ideen aus, die durch die Dinge der Außenwelt nicht hätten erlangt werden können [...]. Diese Quelle von Ideen liegt ausschließlich im Innern des Menschen, und wenn sie auch kein Sinn ist, da sie mit den äußeren Objekten nichts zu tun hat, so ist sie doch etwas sehr Ähnliches und könnte füglich als *innerer Sinn* bezeichnet werden.«[322]

Derartige Aussagen zeugen davon, dass Lockes Theorie auch in Bezug auf die innere Wahrnehmung (*reflexion*) vom Modell der Camera obscura bestimmt wird. Das führt notwendigerweise dazu, dass über Bewusstsein genauso gesprochen werden muss, wie über optische Phänomene. Man kann darüber

---

318 Ebd., S. 62 ff.
319 Anthony Kenny, *Descartes on Ideas*, S. 226.
320 John Locke, *Versuch über den menschlichen Verstand*, 2. Buch, I. Kapitel, 19. Absatz.
321 Ebd., 4. Absatz.
322 Ebd.

staunen oder scherzen: Locke behauptet, dass wir nicht nur die uns zumeist allen bekannten fünf Sinne, sondern eben auch noch einen sechsten – »inneren Sinn« – besitzen würden. Ein solcher ist nahezu identisch mit unseren sinnlichen Augen. Er unterscheidet sich von diesen nur dahingehend, dass er ausschließlich die im ›Inneren‹ entstehenden Bilder (*ideas*) betrachtet: »Solche Ideen sind: wahrnehmen, denken, zweifeln, glauben, schließen, erkennen, wollen und all die verschiedenen Tätigkeiten unseres eigenen Geistes. Indem wir uns ihrer bewußt werden und sie in uns beobachten gewinnen wir von ihnen für unseren Verstand ebenso deutliche Ideen wie von Körpern, die auf unsere Sinne einwirken.«[323]

Wenn Locke in einer solchen Weise über Bewusstsein (*mind*) spricht, dann muss man ihm – wie das Ryle und Rorty auch tun – vorwerfen, dass er das Phänomen des Bewusstseins zu einer inneren, singulären Parallelwelt ausformt: Durch die von ihm verwendete Sprache wird eine zweite – mentale – Welt konstruiert, in der sich Beobachtungen eines anderen Typus machen lassen, als in der äußeren – materiellen – Welt. Den Menschen kann man nach Locke als ein Wesen verstehen, das dazu prädestiniert ist, zweierlei Arten von Bildern (*ideas*) zu sehen: Es kann einerseits auf die im Äußeren erzeugten Bilder – s*ensation* – und andererseits auf die in seinem Inneren entstehenden Bilder – *reflexion* – schauen.

Durch die expansive Anwendung des Modells der Camera obscura auf das Phänomen des Bewusstseins wird das Phänomen des Bewusstseins bei Locke unausweichlich verräumlicht. Es lässt sich nicht vermeiden, dass Bewusstsein wie ein Raum vorgestellt wird: Ein innerer ›Schauplatz‹ oder ›Beobachtungsort‹ für Ideen. Das führt in Lockes Theorie bisweilen dazu, dass aus einem einfachen Raum auch gleich ein ganzes »Kabinett« werden kann. Dieses bietet Platz für unzählige Darstellungen (*ideas*): »Wenn die in einem solchen dunklen Raum hineingelangenden Bilder nur dort bleiben würden und so geordnet lägen, daß man sie im gegebenen Falle auffinden könnte, so würde solch ein Kabinett hinsichtlich aller sichtbaren Objekte und ihren Ideen dem menschlichen Verstande außerordentlich ähnlich sein.«[324] Ob man es aber nun mit einem »Kabinett«, einem »Audienzsaal« oder einem einfachen »dunklen Raum« zu tun hat, ist überhaupt nicht von Relevanz. Entscheidend ist, dass Locke auf der Basis des Modells der Camera obscura eine Bewusstseinstheorie vorlegt, in der von und über Bewusstsein wie von einem autonomen und separaten Ort gesprochen wird: Einem Ort an dem Ideen als ein »gewisses

---

323 Ebd.
324 Ebd., XI. Kapitel, 17. Absatz.

Einzelnes«[325] erscheinen können. Sie tauchen ›dort‹ als Entitäten auf, um sich von einem ›inneren Auge‹ (*inner sense*) betrachten zu lassen.

Um zum Punkt zu kommen: Wird das Bewusstsein wie ein Raum vorgestellt, in dem Ideen angeschaut werden können, dann lässt sich auch sagen, dass Ideen an diesem Ort – eben im Geist (*mind*) – existieren. Locke bestätigt das in aller Radikalität: »Überall also, wo Empfindung oder Wahrnehmung ist, wird *wirklich eine Idee erzeugt* und ist *im Verstand gegenwärtig* (Hervorhebungen von M. H.).«[326]

---

325 Richard Rorty, *Der Spiegel der Natur*, S. 81.
326 Ebd., IX. Kapitel, 4. Absatz.

KAPITEL 2

Die Kritik am Modell der Camera obscura

Berkeleys Denken wird in der Forschung hin und wieder als ein Musterbeispiel des »cartesianischen Paradigmas der Camera obscura«[327] aufgefasst – so unter anderem in der hierfür einflussreichsten Studie: in Jonathan Crarys *Techniken des Betrachters*. Auf den ersten Blick könnte man durchaus meinen, dass dies der Fall ist. Fest steht nämlich, dass Berkeley das Modell der Camera nicht nur gekannt haben musste, sondern es in indirekter Weise zumindest in einer seiner Schriften – *Der Theorie des Sehens ... verteidigt und erklärt* – sogar zu thematisieren scheint.[328] Allerdings können diese Sachverhalte bei weitem nicht ausreichen, um Berkeley dem Paradigma der Camera obscura zuzuordnen, das Crary zufolge »im 17. und 18. Jahrhundert mit allgemeiner Übereinstimmung« geteilt wird.[329] Deshalb ergänzt Crary seine Behauptung um zwei weitere Anhaltspunkte: Er weist einerseits darauf hin, dass Berkeley von einem »grundlegenden Unterschied von Seh- und Tastsinn ausgeht.«[330] Andererseits stellt er fest, dass Berkeley »keine optische Tiefenwahrnehmung kennt.«[331] Diese durchaus treffenden Befunde scheinen ihm nun aber zu genügen, um auch Berkeleys Denken als ein Musterbeispiel für ein Denken im Sinne des Modells der Camera obscura aufzufassen. Doch für eine auf Hintergrundmetaphorik ausgerichtete Leseweise ist das zu wenig. Denn: Auf den zweiten Blick, der – wie hier – darauf fokussiert ist, die zu analysierenden Theorien nach impliziten Modellen im Hintergrund ›abzutasten‹, vermag sich ein anderes Ergebnis zu ›präsentieren‹: Im Hintergrund des Immaterialismus lässt sich – wie noch aufzuzeigen sein wird – das Modell der Camera obscura nicht ausmachen. Weder ließe sich mit Berechtigung sagen, dass Berkeleys Wahrnehmungstheorie, noch die immaterialistische *philosophy of mind* von dem Modell der Camera obscura her organisiert und strukturiert wird. Was hingegen für die Bewusstseinstheorie John Lockes und für die Theorie der Wahrnehmung René Descartes uneingeschränkt gilt – nämlich, dass ihnen die Camera obscura als ein Modell zur Gewinnung ihrer Thesen dient – ist wiederum nicht auch auf den Immaterialismus übertragbar.

---

327 Jonathan Crary, *Techniken des Betrachters*, S. 53.
328 George Berkeley, *Theorie des Sehens verteidigt und erklärt*, § 55.
329 Jonathan Crary, *Techniken des Betrachters*, S. 41.
330 Ebd., S. 65.
331 Ebd., S. 68.

Um zu verdeutlichen, worauf es im Folgenden ankommt, empfiehlt es sich, mit Hans Blumenbergs Idee der Leitmetaphorik zu arbeiten. Diese besagt: »Metaphorik kann auch dort im Spiel sein, wo ausschließlich terminologische Aussagen auftreten, die aber ohne Hinblick auf eine Leitvorstellung, an der sie induziert und ›abgelesen‹ sind, in ihrer umschließenden Sinneinheit gar nicht verstanden werden können.«[332] Um demnach überhaupt feststellen zu können, von welchen Vorstellungen ein Autor angeleitet wird, muss man dafür in die zumeist ›verborgenen‹, ›tieferen Schichten‹ ihrer Theorien vordringen: Leitmetaphorik ist in den meisten Fällen ein implizites Textphänomen, das nur unter erschwerten Bedingungen auszumachen ist. Wenn an dieser Stelle einmal davon abgesehen wird, dass die Metaphorologie in ihrem methodischen Selbstverständnis selbst nicht ohne Metaphern auskommt, dann wird in der Metaphorik archäologischer Grabungsarbeit doch etwas Entscheidendes mitgeteilt: Der Metaphorologe versucht zuallererst Leitvorstellungen zutage zu holen. Er will ›ausgraben‹, was sich in den zu analysierenden Theorien in ›tieferen Ebenen‹ verbirgt. Es geht ihm also darum, »eine Schicht von Elementarvorstellungen ausfindig zu machen, die sich immer dort am deutlichsten bezeugt, wo der ›Bildervorrat‹ herangezogen worden ist«[333]. Um das aber überhaupt bewerkstelligen zu können, gilt es, »nachvollziehend in den Vorstellungshorizont des Autors einzutreten«, um »seine ›Übertragung‹ ausfindig zu machen«[334].

Wenn nun Crary behauptet, dass es ein Paradigma der Camera obscura gibt[335], dann impliziert seine These, dass sich dessen Vertreter der Camera obscura als eine »Leitvorstellung« in irgendeiner nachvollziehbaren Weise bedienen müssen. Wäre das nicht der Fall, dann sollte es als völlig unangebracht gelten, von einem Paradigma zu sprechen. Dass es aber berechtigt ist, von einem solchen auszugehen, vermag Crary in seiner umfangreichen Studie überzeugend darzustellen. Wenn er nun aber auch behauptet, dass Berkeley jenem Paradigma hinzugezählt werden könne, dann muss sich eben auch verifizieren lassen, dass die Camera obscura als eine organisierende Leitmetapher im Immaterialismus gegenwärtig ist.

Doch das ist gerade nicht der Fall. Was uneingeschränkt etwa für die Theorien Lockes und Descartes zutrifft – nämlich, dass ihre Theorien von der Leitvorstellung der Camera geformt werden – passt nicht auch auf den Immaterialismus Berkeleys. Auch wenn Crary die Feststellung geschenkt werden

---

332 Hans Blumenberg, *Paradigmen zu einer Metaphorologie*, S. 91.
333 Ebd., S. 92.
334 Ebd., S. 91.
335 Jonathan Crary, *Techniken des Betrachters*, S. 41.

kann, dass Berkeley die Camera obscura in zumindest einer seiner Schriften indirekt zu erwähnen scheint, lässt sich nicht auch mit Berechtigung behaupten, dass sich das Modell der Camera in seiner philosophischen Position als eine hintergründige Leitmetapher ausmachen ließe. In einem Punkt geht Crary also viel zu weit: Er will auch Berkeley als einen Vertreter des Paradigmas der Camera obscura herausstellen, weshalb er ihn sogar in eine Reihe mit John Locke stellt.[336]

2.1 Die Idee ist kein »Privateigentum«

Jonathan Crary gewinnt seine Thesen unter Bezugnahme auf eine Passage aus einer Schrift Jacques Lacans, in der behauptet wird, dass auch Berkeley Darstellungen (*ideas*) wie »Privateigentum« behandeln würde.[337] Lacan schreibt: »Wie könnte geleugnet werden, daß von der Welt mir nichts erscheint außer in meinen Vorstellungen! – eben da ist der Schritt des Bischoffs Berkeley, der nicht wieder rückgängig zu machen ist. In Hinblick auf die subjektive Position Berkeleys wäre gewiß einiges anzumerken – gerade in dem Punkt, der Ihnen bestimmt im Vorübergehen entgangen ist: dieses *mir* gehören der Vorstellungen, wo das Eigentum angesprochen ist.«[338] Schaut man sich die lacansche Interpretation des Immaterialismus in *Die vier Grundbegriffe der Psychoanalyse* genauer an, fällt auf, dass Lacan den Immaterialismus Berkeleys auf der Basis einer Differenz von immateriellen Ideen und materiellen Gegenständen liest: Auch er nähert sich Berkeley vor jenem dualistischen Hintergrund der uns im ersten Kapitel dieses Teils der Arbeit als der von Gilbert Ryle so genannte »Zweiweltenmythos« präsentiert worden ist. Diese Auslegung teilt Jonathan Crary mit Lacan, weshalb es für Crary geradezu auf der Hand zu liegen scheint, dass in Berkeleys Theorie aus jenem »monadischen Blickwinkel« auf die Welt geschaut wird, dem im Paradigma der Camera obscura »Authentizität und Legitimität« verliehen wird.[339]

Allerdings tappt Crary hier in die gleiche Falle, in die bereits andere Interpreten des Immaterialismus gegangen sind: Auch er liest Berkeley in der Terminologie des Repräsentationalismus. Dass man mit einer solchen Leseweise Berkeley aber nicht gerecht zu werden vermag, ist eine These des Berkeley Spezialisten Stephen Daniel. In einem im Jahr 2011 veröffentlichten Aufsatz

---

336 Ebd., S. 66.
337 Jonathan Crary, *Techniken des Betrachters*, S. 49.
338 Jacques Lacan, *Die vier Grundbegriffe der Psychoanalyse*, S. 87.
339 Jonathan Crary, *Techniken des Betrachters*, S. 50.

behauptet er: »Defenders of the standard approach claim that Berkeley's engagement with the issues raised by Locke or Malebranche indicates that the principles for interpreting Berkeley should be based on Lockean or Malebranchean ways of thinking.

Accordingly, they fail to consider how *Berkeley appeals to the vocabulary of Locke and Malebranche to undercut and supplant their doctrines with his own distinctive views*. Those views become evident only when his discussions of Cartesian or Lockean topics are understood in the context of the entire corpus of his writings (Hervorhebungen, M. H.).«[340] Nach intensiven Annäherungsversuchen an Berkeleys gesamtes Werk ist diese Behauptung Daniels zu bestätigen: Für Berkeley ist eine subversive Methodik geradezu kennzeichnend. Doch dabei muss es nicht bleiben. Der hiesige Teil der Arbeit wird deshalb weit über Daniels Feststellung hinausgehen, der es in seinem Aufsatz bei der von ihm unbeantworteten Frage belässt: »But what if there were a non-Cartesian, non-Lockean way to understand Berkeley's writings?«[341] Dass sich diese Frage nämlich durchaus beantworten lässt, vermag sich im Fortlauf dieses Teils der Arbeit immer deutlicher zu zeigen. Dabei wird sich herausstellen, dass es unter metaphernspezifischen Gesichtspunkten nicht nur möglich, sondern sogar höchst wahrscheinlich ist, dass Berkeley einen völlig anderen Weg einschlägt als Descartes oder Locke. Weil das aber zumeist außerhalb esoterischer Berkeley-Zirkel verkannt wird, geht nahezu unvermeidlich verloren, dass Berkeley den Begriff der Idee in anderer Weise als Locke oder Descartes verwendet. Zu berücksichtigen gilt insbesondere, dass *Ideen* in Berkeleys Immaterialismus nicht mehr als eine Art ›intimer‹ und ›entmaterialisierter‹ Repräsentationen einer Außenwelt gelten können: *Ideen* werden im Immaterialismus nicht als mentale Abbilder von einer materiellen Welt aufgefasst. Deshalb notiert sich Berkeley in seinem *Tagebuch*: »The using the term, Idea *of*, is one great cause of mistake (Hervorhebung, M.H.).«[342] Obwohl er aber noch mit dem Begriff der Idee arbeitet, implizieren seine Schriften deshalb nicht auch, dass er den Terminus *Idee* in der Tradition etwa von Locke oder Descartes verwendet. Weder kann mit Berechtigung gesagt werden, dass der Inhalt des Begriffs der Idee im Immaterialismus als »Privateigentum«[343] aufgefasst werden sollte, noch, dass er als eine mentale Repräsentation von materiellen Objekten zu gelten habe.

Insofern man sich um eine Gegenmetapher zu der des »Privateigentums« von Lacan bemüht, dann trifft man es vielmehr mit der des ›Kollektiveigentums‹:

---

340 Stephen Daniel, *How Berkeley's Works Are Interpreted*, S. 4.
341 Ebd., S. 6.
342 George Berkeley, *Tagebuch*, 660.
343 Jacques Lacan, *Die vier Grundbegriffe der Psychoanalyse*, S. 87.

Laut eigener Aussage will Berkeley »mit dem Volk diejenigen Dinge als wirklich gelten lassen, die durch die Sinne wahrgenommen werden (*trust your senses, admit with the vulgar those for real things which are perceived by senses*)«[344]. Im Unterschied etwa zu der repräsentationalistischen Theorie Lockes sei deren Wirklichkeit nun aber gerade »nichts von diesen Empfindungen abgesondertes (*reality beeing in my opinion nothing abstracted from sensations*)«[345]. Kurzum: Berkeleys Auffassungen zufolge sehen wir nicht mentale Repräsentationen von Objekten, sondern physische Dinge. Das ist von hier an zu belegen.

2.2 Die Idee ist eine Metapher für die Dinge

Stephen Daniel behauptet in seinem Aufsatz *How Berkeley's Works Are Intepreted*, dass Berkeley in methodischer Hinsicht subversiv vorgehen würde. Und zwar indem er etwa die Terminologie John Lockes aufgreift, aber in subtiler Weise mit einer anderen Bedeutung versieht: »Berkeley appeals to the vocabulary of Locke and Malebranche to undercut and supplant their doctrines with his own distinctive views.«[346] Dem kann man nur zustimmen. Doch in Abgrenzung zu Daniel lässt sich nicht einfach nur darauf hinweisen, sondern auch aufzeigen, worin die Subversion des Immaterialismus' genau besteht. Hierfür ist der Fokus noch schärfer auf Berkeleys Gebrauch des Terminus *Idee* einzustellen. Auf den ersten Blick scheint Berkeley den Begriff der Idee nämlich wie die Vertreter des Paradigmas der Camera obscura zu gebrauchen: Auch er redet in seinen frühen Schriften zu genüge davon, dass es Ideen (*ideas*) gebe und diese allein im Geist (*mind*) existieren würden. In den *Prinzipien* schreibt er explizit: »Certainly no idea, whether faint or strong, can exist otherwise than in a mind perceiving it.«[347] Es scheint also offensichtlich zu sein, dass auch Berkeley den Begriff der Idee genauso wie die Vertreter des Paradigmas der Camera obscura gebraucht: eine mentale Entität im Bewusstsein (*mind*) eines Subjektes zu sein. Warum sich also damit nicht einfach zufrieden geben? Aus dem einfachen Grund: Berkeley streut beiläufig irritierende Andeutungen in seine Schriften hinein – Anhaltspunkte die das Offensichtliche in Frage zu stellen vermögen. Er behauptet, dass Ideen ganz reale Dinge seien: »Ideas imprinted on the senses are real things.«[348] Das führt uns auf direktem Wege

---

344   George Berkeley, *Drei Dialoge*, S. 108.
345   Ebd., S. 112.
346   Stephen Daniel, *How Berkeley's Works Are Interpreted*, S. 4.
347   George Berkeley, *Works II*, S. 54 ff.
348   Ebd., S. 80.

zu der im Folgenden zu belegenden These: Berkeley ›suspendiert‹ den Begriff der Idee von der ihm im Modell der Camera Obscura zukommenden Funktion: eine mentale Darstellung von etwas für jemanden zu sein. Um diese These angemessen ausführen und beweisen zu können, ist ein stufenartiges Vorgehen notwendig. Wir werden uns hier zunächst der Frage zuwenden, welche Funktion und Bedeutung der Terminus *Idee* im Immaterialismus innehat; in dem darauf folgenden Kapitel einer anderen: der Frage, ob auch Berkeley im Hintergrund seiner Annahmen mit der Implikation des in der Camera obscura befindlichen Beobachters arbeitet?

In den *Drei Dialogen* kann eine Passage aufgefunden werden, die als eine zumeist übersehene Schlüsselstelle gekennzeichnet werden sollte: Berkeley schreibt: »Ich will nicht Dinge in Ideen verwandeln, sondern vielmehr Ideen in Dinge.«[349] In diesem mehrdimensionalen Satz liefert uns Berkeley einen entscheidenden und doch oft unbeachteten Hinweis für die Grundbewegung seines Denkens: Metatheoretisch gelesen, kann sich ihr die für metaphorische Prozesse typische Denkbewegung der Übertragung (*metaphorà*) entnehmen lassen. Berkeley kennzeichnet eine solche in selbstreflexiver Weise als »Verwandlung« (*changing*). Zudem wird uns die Richtung der Bewegung angegeben: Ganz im Gegensatz zur stereotypischen Auslegung des Immaterialismus will Berkeley nicht »Dinge in Ideen« sondern »Ideen in Dinge verwandeln«. Für die Interpretation von Berkeleys Theorie kann das nicht folgenlos bleiben. Die bereits aufgestellte These ist demnach zu spezifizieren: Der Terminus *Idee* ist in Berkeleys Immaterialismus nicht als ein beim Wort zu nehmender Begriff zu lesen, sondern als eine Metapher für materielle Dinge oder Objekte. Mit dieser These wird sich auf ein bisher unbegangenes Terrain begeben, weshalb diese für den einen oder anderen Leser absonderlich klingen könnte. Sollte dem so sein, würde Berkeleys methodische Vorgehensweise nämlich von einem überaus unkonventionellen Metaphernverständnis zeugen. Dass ein solches aber weniger abwegig ist, als man an dieser Stelle noch meinen könnte, ergibt sich vor dem Hintergrund neuzeitlicher Metapherntheorien.

Für den Metapherntheoretiker Ivor Armstrong Richards ist *die Metapher* nicht nur eine »auf Verschiebung und Verdrängung von Wörtern beschränkte Angelegenheit«, sondern vielmehr eine auf »Austausch und Verkehr von *Gedanken*« angelegte.[350] Richards bezeichnet das als »eine Transaktion zwischen den Kontexten.«[351] Zu beachten ist hierbei, dass die Richtung derartiger Transaktionen nicht festgelegt sein muss: Diese finden nicht nur in einem

---

349 George Berkeley, *Drei Dialoge*, S. 105.
350 Ivor Armstrong Richards, *Die Metapher*, in: *Theorie der Metapher*, S. 35.
351 Ebd.

konventionellen Rahmen statt, in dem zumeist einzelne Eigenschaften von etwas Physischem auf Nichtphysisches übertragen werden. Zu dieser Denkbewegung gibt es eine Alternative: Es kann auch vom Abstrakten auf das Konkrete transferiert werden oder – wie im Falle Berkeleys – von Kontexten des Mentalen auf Kontexte des Physischen.

In dieser Hinsicht verfolgt Berkeley eine seitenverkehrte Strategie der Metaphorisierung, die hier als eine rekursive aufgefasst wird: Er überträgt einen zumeist für Mentales reservierten Begriff – den der *Idee* – auf materielle Gegenstände. Damit vollzieht er zwar einen eigenwilligen, aber doch nicht weniger analogischen Transfer. Laut Claude Lévi-Strauss ist die Metapher keine »Einbahnstraße«: »Die Metapher funktioniert immer auf zwei Weisen: wenn man uns den Kalauer durchgehen lassen will, so ist sie, wie manche Straßen, eine *Zweibahnstraße*.«[352] Die Richtung metaphorischer Denkbewegungen (*metaphorà*) ist also nicht von vornherein vorgegeben: Sie kann auch vom Unkonkreten auf Konkretes oder eben von Kontexten des Mentalen auf Kontexte des Physischen vollzogen werden. Und genau das macht Berkeley mit dem im Paradigmas der Camera obscura konventionalisierten Begriff der Idee: Er ent-konventionalisiert ihn, indem er *Ideen* nicht mehr als Bilder oder Darstellungen begreift, sondern als physische Dinge.

Vor diesem Hintergrund vermag sich der Immaterialismus als eine subversiv verfahrende Kritik an dem durch das Paradigma der Camera obscura genährten Mythos zu entpuppen, demnach Ideen mentale Repräsentationen von materiellen Objekten seien. Die von den Vertretern des Paradigmas der Camera obscura geschaffene Abstraktion – mit Hilfe des Terminus Idee eine Art mentales ›Abziehbild‹ von einem materiellen Gegenstand bezeichnen zu wollen – hebt Berkeley auf. Er führt die Abstraktion rekursiv auf das Konkrete zurück – auf das, was vor jenen ›Eingriffen‹ der Theoretiker der Camera obscura schon da war: Sinnlich wahrnehmbare Gegenstände. Deshalb schreibt Berkeley im *Tagebuch*: »Aufgrund meiner Prinzipien gibt es eine Realität, *gibt es Dinge* (Hervorhebungen, M.H.).«[353] Insofern man darauf aus ist, Berkeleys Überlegungen angemessen zu begegnen, so gilt es jene metaphorische Denkbewegung mitzumachen: »Ideen in Dinge zu verwandeln«.

Damit sind unausweichlich hermeneutische Konsequenzen verbunden: Wenn Berkeley etwa behauptet, dass es »Ideen der Sinne« gebe und diese »im Geist« existieren würden, dann ist zu berücksichtigen, dass er in einer uneigentlichen – metaphorischen – Weise spricht. In seinem gesamten Werk wird Berkeley nicht müde, immer wieder darauf hinzuweisen, dass

---

352 Claude Lévi-Strauss, *Die eifersüchtige Töpferin*, S. 309.
353 George Berkeley, *Tagebuch*, 305.

er sich nicht beim Wort verstanden wissen will: »It were a mistake to think, that what is here said *derogates in the least from the reality of things* (Hervorhebungen, M.H.).«[354] Doch eine Vielzahl an populären Kommentatoren des Immaterialismus scheinen diesen geradezu entscheidenden Punkt zu übersehen. Sie missachten, dass aus materiellen Objekten auch nach ihrer Kennzeichnung etwa als »Ideenbündel« (*collection of ideas*) keine mentalen Entitäten werden, von denen sich vor dem Hintergrund des Paradigmas der Camera obscura mit Recht behaupten ließe, dass sie etwas Unkörperliches seien. So paradox es für Interpreten wie Samuel Johnson auch klingen mag: In Berkeleys Theorie sind Steine auch weiterhin materielle Gegenstände vor dessen größere Exemplare nicht getreten werden sollte, wenn man schmerzfrei davonkommen möchte. Johnson ist nämlich der Meinung, dass man Berkeleys Immaterialismus auf besonders schnelle Weise widerlegen könne: Man müsse nur vor einen Stein treten, um sich vom Gegenteil der Behauptungen Berkeleys zu überzeugen.[355] Allerdings scheint sowohl ihm als auch anderen – Berkeley beim Wort nehmenden Lesern – entgangen zu sein, dass eine Metapher »durchaus als Fiktion auftreten«[356] darf. Den Thesen Hans Blumenbergs zufolge hat sich Metaphorik »nur dadurch auszuweisen, dass sie eine Möglichkeit des Verstehens ablesbar macht.«[357] Wird das vergessen, lässt man sich von einer Metapher geradewegs in die Irre führen.[358] In den standardisierten Auslegungsversuchen des Immaterialismus findet man das in aller Drastik vorgeführt. Das zieht sich bisweilen in die hierzulande einschlägige Übersetzung von Berkeleys *Prinzipien der menschlichen Erkenntnis* hinein, die im Jahr 2004 veröffentlicht worden ist und von Arend Kulenkampff stammt.

In dieser ›mogelt‹ Kulenkampff an mancherlei Stellen, an denen im Original das Wort Idee auftaucht, das Wort *Entität* hinein.[359] Damit gibt er preis, dass auch er den Immaterialismus in der Terminologie John Lockes liest: Implizit behandelt er Berkeley wie einen Vertreter des Paradigmas der Camera obscura, von denen man wiederum zu Recht behaupten sollte, dass sie Ideen als mentale Entitäten auffassen. Auch Kulenkampff scheint also der Annahme zu sein, dass *Ideen* im Immaterialismus ›fleischlose Wesen‹ bezeichnen, die an einem ›inneren Schauplatz‹ auftauchen und beobachtet werden könnten. Er macht jene rekursive Denkbewegung nicht mit, in der das ›Fleischlose

---

354 George Berkeley, *Works II*, S. 80.
355 James Boswell, *The life of Samuel Johnson*, Vol. 1, S. 292.
356 Hans Blumenberg, *Paradigmen zu einer Metaphorologie*, S. 111.
357 Ebd.
358 Hans Blumenberg, *Ausblick auf eine Theorie der Unbegrifflichkeit*, in: *Schiffbruch mit Zuschauer*, S. 105.
359 George Berkeley, *Prinzipien der menschlichen Erkenntnis*, § 91.

zum Fleisch‹ – eine abstrakte Entität zum physischen Objekt – zurückgeführt werden soll: »Ich will nicht Dinge in Ideen verwandeln, sondern vielmehr Ideen in Dinge«[360] – schreibt Berkeley.

Wird diese eigenwillige Denkbewegung dagegen nachvollzogen, verschiebt sich der Fokus in der Auslegung von Berkeleys Theorie: Obwohl Berkeley in der Terminologie Lockes oder Descartes spricht, sollte er nicht auch wie diese Philosophen gelesen werden. Das scheint auch der Berkeley-Kennerin Katia Saporiti aufgefallen zu sein. In ihrer umfangreichen Studie *Die Wirklichkeit der Dinge* bemerkt sie in einer Fußnote: »In gewisser Weise behält Berkeley den alltäglichen Begriff des sinnlich wahrnehmbaren Dings bei und verwirft einen philosophischen Begriff der Idee.«[361] Dem ist ausnahmslos zuzustimmen. Doch dieser Befund allein ist nicht ausreichend. Saporiti geht schlussendlich nicht weit genug: Der hiesigen These nach verwirft Berkeley »nicht nur einen philosophischen Begriff der Idee«, sondern verwendet den Terminus der Idee als eine Metapher für sinnlich Wahrnehmbares. Damit ist unweigerlich die hermeneutische Konsequenz verbunden, dass immer dann, wenn Berkeley von *Ideen der Sinne* spricht, zu beachten ist, dass Berkeley die Objekte der sinnlich wahrnehmbaren Welt in einem lediglich metaphorischen Sinne als Ideen zu kennzeichnen versucht. Denn: In Berkeleys Metapher der Idee wird nicht auf eine mentale Entität *hingezeigt*, sondern ein Verhältnis zu den Dingen der Welt *angezeigt*. Ein solches beinhaltet, dass wir uns nicht in einem über Darstellungen vermittelten, sondern in einem unvermittelten Verhältnis zur Welt befinden.

Um zum Schluss zu kommen: Werden *Ideen* als Metapher für physische Dinge verstanden, dann lässt es sich sprachlich zur *Anzeige* bringen, dass unsere Wahrnehmungen nichts Transzendentes mit sich führen. Trotz aller perspektivisch bedingten ›Abschattungen‹ in der Wahrnehmung verbirgt sich in den als Ideen metaphorisierten Gegenständen potenziell nichts Unwahrnehmbares – keinerlei ›Hinterwelten‹, die uns etwa Bilder im Vorgang der Wahrnehmung ›zusenden‹. Aus diesem Grund schreibt Berkeley in seinen *Drei Dialogen*: »I see this cherry, I feel it, I taste it: and I am sure nothing cannot be seen, or felt, or tasted: it is therefore real.«[362]

---

360   George Berkeley, *Drei Dialoge*, S. 105.
361   Katia Saporiti, *Die Wirklichkeit der Dinge*, Anm. 5, S. 178.
362   George Berkeley, *Works II*, S. 249.

2.3 Das wahrnehmende Subjekt ist kein Beobachter

Das Modell der Camera obscura führt eine Implikation mit sich, die sich mit Berkeleys Denken nur schwer in Übereinstimmung bringen lässt: die eines *passiven Wahrnehmungssubjektes*. Was es mit dieser Implikation des Modells der Camera auf sich hat, lässt sich nicht nur der Wahrnehmungstheorie René Descartes sondern in aller Deutlichkeit auch der Theorie der *Sensation* John Lockes entnehmen. Er schreibt: »Wenn unsere Sinne mit bestimmten sinnlich wahrnehmbaren Objekten in Berührung treten, so führen sie dem Geist eine Reihe verschiedener Wahrnehmungen *von* Dingen zu [...]. Wenn ich sage, die Sinne führen sie dem Geist zu, so meine ich damit, sie führen *von den Gegenständen der Außenwelt* her dem Geist dasjenige zu, was in demselben jene Wahrnehmung hervorruft (Hervorhebungen, M.H.).«[363]

Diese kurze Passage sollte genügen, um sich mit dem Gedanken des passiven Betrachters in der Camera obscura vertraut zu machen. Locke ist der Meinung, dass *äußere* »Wesen existieren«[364], denen eine besondere Aktivität zukommt: sie haben die »Kraft«[365] in uns eine spezifische Darstellung hervorzurufen. Im Vorgang der Wahrnehmung »empfangen«[366] wir die für uns verwertbaren Wahrnehmungsinformationen (*sensations*) über eine »Zuleitung«[367], die jenem Loch in der Camera entspricht, durch die das Bild auf der im Inneren der Camera befindlichen Leinwand entstehen kann. Den Ausführungen Lockes zufolge gelangt im Vorgang der Wahrnehmung also etwas *Äußeres* in unseren Geist (*mind*) hinein. Locke schreibt: »Überall also, wo Empfindung oder Wahrnehmung ist, wird wirklich eine Idee erzeugt und ist im Verstand gegenwärtig.«[368] Daraus lässt sich die Schlussfolgerung ziehen, dass wir zu dem Empfangenem in einem »passiven Rezipientenverhältnis«[369] stehen. In unserer ›inneren Privatgalerie‹ kommen wir über die Funktion eines bloßen »Zuschauers«[370] nicht hinaus: wir sind nicht ein Teil der ›dort‹ auftauchenden Darstellungen.

Das wahrnehmende Subjekt wird demnach als ein durch und durch passives Subjekt konzipiert. Das lässt sich einer Stelle aus Lockes *Versuch* besonders deutlich entnehmen: »Denn bei der reinen Wahrnehmung bleibt

---

363 John Locke, *Versuch über den menschlichen Verstand*, 2. Buch, I. Kapitel, 3. Absatz.
364 Ebd., XXIII. Kapitel, 29. Absatz.
365 Ebd.
366 Ebd.
367 Ebd., IX. Kapitel, 4. Absatz.
368 Ebd.
369 Lambert Wiesing, Einleitung, in: *Philosophie der Wahrnehmung*, S. 35.
370 Ebd., S. 36.

2 DIE KRITIK AM MODELL DER CAMERA OBSCURA

der Geist meist nur passiv, und was er wahrnimmt, muß er unvermeidlich wahrnehmen.«[371] Eine solche Vorstellung vom wahrnehmenden Subjekt mag den Vorteil mit sich bringen, dass man auf diese Weise dem »Phänomen der Nichtbeliebigkeit der Wahrnehmung«[372] gerecht zu werden vermag: Die Gegenstände der Welt ›drängen‹ sich uns auf. Wir können nicht frei darüber entscheiden, was wir sehen, wenn wir die Augen öffnen. Andererseits führt das Modell der Camera obscura den erheblichen Nachteil mit sich, dass sich Wahrnehmung nicht als ein variables Relationsgefüge von Ich und Welt begreifen lässt. Der wahrgenommene Gegenstand wird im Wahrnehmungsvorgang ohne jegliche Subjekt-Beteiligung ›empfangen‹. Mit der Metaphorik der Camera obscura ist es nicht möglich, das Phänomen der Wahrnehmung als eine »konstituierende Tätigkeit des Subjekts«[373] zu beschreiben.

Auf den ersten Blick könnte man der Meinung sein, dass auch Berkeley die Implikation des passiven Wahrnehmungssubjektes in seinen Ausführungen aufgreift: Auch er spricht explizit davon, dass uns Ideen (*ideas of sense*) im Wahrnehmungsvorgang »eingeprägt«[374] werden (*ideas actually imprinted on the senses*). Schaut man sich Berkeleys wahrnehmungstheoretische Gedanken aber genauer an, dann fällt auf, dass er den als Ideen gekennzeichneten Gegenständen jegliches Kräftepotenzial abspricht: Sie seien gänzlich *passiv*. Diese Behauptung steht eindeutig im Gegensatz zu den Annahmen der Befürworter des Modells der Camera: Wenn etwa Descartes davon spricht, dass »die Gegenstände, die wir wahrnehmen, tatsächlich ihre Bilder ins Gehirn senden«[375] oder Locke von »Kräften« der Körper redet, die uns *sensations* »zuleiten«, dann sollte klar sein, dass sie gewisse ursächliche – physikalische – Aktivitäten annehmen, die dazu in der Lage sind.

Für Berkeley sind Körper hingegen in jeder Beziehung »inaktiv«. Sie können uns überhaupt nichts nach kausalen Mustern ›zuführen‹. Im Vorgang der Wahrnehmung empfangen wir keine Informationen über eine ›private Zuleitung‹. Deshalb schreibt Berkeley: »All our ideas, sensations, or the things which we perceive, *by whatsoever names they may be distinguished*, are visibly *inactive*, there is *nothing of power or agency* included in them (Hervorhebungen, M.H).«[376]

---

371 John Locke, *Versuch über den menschlichen Verstand*, 2. Buch, IX. Kapitel, 1. Absatz.
372 Lambert Wiesing, Einleitung, in: *Philosophie der Wahrnehmung*, S. 36.
373 Ebd.
374 George Berkeley, *Prinzipien der menschlichen Erkenntnis*, § 3.
375 René Descartes, *Von den Sinnen im Allgemeinen*, in: *Descartes Dioptrik*, S. 88.
376 George Berkeley, *Works II*, S. 51.

Aktivität besitzt im Immaterialismus allein der Geist (*mind*): »This perceiving active beeing is what I call *mind, spirit, soul* or *myself*.«[377] Daraus ist hier die Konsequenz gezogen, dass der Wahrnehmungsvorgang von Berkeley nicht als ein kausal verursachter konzipiert wird, an dessen Anfang eine physikalische »Kraft« steht und eine mentale Darstellung an dessen Ende. In den *Drei Dialogen* schreibt Berkeley: »That a thing, stupid, thoughtless, and *inactive*, operates on a spirit: *these are the novelties* (Hervorhebungen, M.H.).«[378] An diesem Gedanken hält er bis zu seinem Spätwerk fest. Unverändert ist Berkeley in der *Siris* noch immer der Meinung, dass die Gegenstände *passiv* seien: »Without anything active, fluent and changing, without anything permanent in them.«[379] Das führt uns auf direktem Wege zu der These, dass Berkeley das Phänomen der Wahrnehmung als das Ergebnis eines ›Zusammenspiels‹ zweier als Einheit zu denkenden Pole begreift: Einem aktiven Ich-Pol und einem passiven Gegenstands-Pol. Auch wenn der junge Berkeley ganz offensichtlich daran festhält, dass unsere Wahrnehmungen der Nichtbeliebigkeit unterliegen – »But, whatever power I may have over my own thoughts, I find the ideas actually perceived by Sense have not a like dependence on my will.«[380] – übernimmt er damit nicht auch automatisch die Annahme eines passiven Wahrnehmungssubjektes. Berkeleys Gedanken über das Phänomen der Wahrnehmung implizieren, dass ohne Aktivität seitens des Subjekts keinerlei Wahrnehmungen zustande kommen könnten.

Diesbezüglich vermerkt er in seinem *Tagebuch*: »There is somewhat active in most perceptions.«[381] Das ergänzt er um die folgende Notation: »Ideenhaben ist nicht dasselbe wie Wahrnehmung.«[382] Zudem lassen sich in seiner *Siris* weitere Passage auffinden, die davon zeugen, dass sich Berkeley den Wahrnehmungsvorgang nicht als eine bloße Empfangssituation vorstellt: *Mind* »containing, connecting, enlivening the whole frame, and imparting those motions, forms, qualities, and that order and symmetry, to all those transient phenomena which we term the Course of Nature.«[383] Trotz aller Exotik lassen derartige Aussagen darauf schließen, dass das wahrnehmende Subjekt als ein tätiges von Berkeley vorgestellt wird.

Wenn dem aber so sein sollte, stellt sich zwangsläufig die Frage ein, wie wir Berkeleys Rede von »Einprägung im Geist« interpretieren könnten, ohne nicht

---

377 Ebd., S. 41 ff.
378 Ebd., S. 244.
379 Ebd., *Works V*, S. 136.
380 Ebd., *Works II*, S. 53.
381 George Berkeley, *Tagebuch*, 672a.
382 Ebd., 582.
383 George Berkeley, *Works V*, S. 136.

2 DIE KRITIK AM MODELL DER CAMERA OBSCURA

auch die Vorstellung eines passiven Wahrnehmungssubjektes aufkommen zu lassen? Schauen wir uns hierzu zunächst die von Berkeley selbst gegebene Antwort in den *Drei Dialogen* an: »When I speak of objects existing in the mind or imprinted on the senses, I would not be understand in the gross literal sense. My meaning is only that the mind comprehends or perceives them.«[384] Darauf aufbauend lautet der hiesige Vorschlag zur Beantwortung der eben gestellten Frage: Insofern man dazu bereit ist, die von Berkeley vorgenommene Denkbewegung – »Ideen in Dinge zu verwandeln« – mitzumachen, dann vermag uns diese erneut einen entscheidenden Schritt weiter zu führen: Nämlich immer dann, wenn Berkeley davon spricht, dass uns *Ideas of sense* im Vorgang der Wahrnehmung »eingeprägt« werden, haben wir einerseits zu berücksichtigen, dass eine *Idee* kein mentales Wesen ist, sondern eine Metapher für materielle Dinge. Andererseits, dass physische Objekte wiederum nicht in den Geist hineingelangen können, weil der Geist (*mind*) keine materialisierte Auffangstation für Gegenstände ist. Insofern wir uns an dieser Stelle nicht in ein Paradoxon führen lassen wollen, können wir auf eine Erweiterung jener Ideen-Metaphorik schließen, mit der uns nicht mehr und nicht weniger als eine Möglichkeit des Verstehens angeboten wird.

Auch in diesem speziellen Fall wird dann nicht im wörtlichen Sinne auf eine spezifische Sachlage *hingezeigt*, sondern ein Verhältnis zu den Dingen der Welt *angezeigt*. Wird das berücksichtigt, dann lassen sich Berkeleys Ausführungen wohlwollend als eine nicht sonderlich umfangreiche Andeutung des Gedankens der Intentionalität lesen: Wahrzunehmen verlangt in eine intentionale Beziehung zur Welt gesetzt zu werden. Kurzum: *Im Geist eingeprägt sein* ist eine Metapher für *ein Gegenstand des Geistes sein*.

Daraus ergibt sich wiederum eine zu der der Metaphorik der Camera obscura alternative Antwort auf die Frage, was es bedeutet, ein wahrnehmendes Wesen zu sein? Ein Wahrnehmender zu sein, meint dann nämlich, ein spezifisches Bewusstsein von einem Gegenstand zu haben. So ist etwa eine Kirsche für Berkeley »nichts von Empfindungen abgesondertes«[385]. Der Wahrnehmende befindet sich in einer unvermittelten Beziehung zu der Kirsche. Diese steht dem wahrnehmenden Subjekt nicht als ein Objekt gegenüber, sondern Subjekt und Kirsche sind in einem relationalen Gefüge unauflöslich ›miteinander verwoben‹ – die phänomenalen Eigenschaften einer Kirsche stehen in direktem Bezug zu dem sie wahrnehmenden Subjekt: »Take away softness, moisture, redness, tartness and you take away the cherry.«[386]

---

384 Ebd., *Works II*, S. 250.
385 George Berkeley, *Drei Dialoge*, S. 112.
386 George Berkeley, *Works II*, S. 249.

Eine Kirsche ist demnach in genau dem Sinne »im Geist eingeprägt«, wie der Geist (*mind*) intentional auf sie gerichtet ist. Damit ist eine Ausdehnung von Berkeleys *esse est percipi*-Prinzips verbunden: Nicht nur das uns eine Kirsche in der Wahrnehmung gegeben ist, sondern vor allem wie sie uns gegeben ist – in welcher intentionalen Beziehung wir uns zu der Kirsche befinden – ist Teil dieses Prinzips, das bereits von Berkeley selbst folgendermaßen erweitert wird: »Existence is percipi or percipere.«[387]

Berkeley gibt uns an dieser Stelle eine Antwort auf die Frage nach der existenziellen Situation des Menschen: »Existence is percipere.« Ein Mensch zu sein geht also unaufhebbar damit einher, ein wahrnehmendes Wesen sein zu müssen. Erst die Wahrnehmung vermag uns, Berkeley zufolge, in existenzieller Hinsicht in die Welt ›zu verwickeln‹ – in aller Deutlichkeit: »Die Meinung, daß Existenz von Wahrnehmung verschieden sei, hatte schreckliche Folgen.«[388] Doch: »Existenz nicht von der Wahrnehmung verschieden.«[389]

Spätestens hier stellt sich die Frage, wie sich derartige Gedanken noch mit dem Modell der Camera in Übereinstimmung bringen lassen sollten? Wie ließe es sich im Sinne der Metaphorik der Camera obscura vorstellig machen, dass das Subjekt ein Teil der Darstellung ist? Wie Jonathan Crary nämlich zu Recht feststellt, »hindert die Camera obscura den Betrachtenden a priori daran, seine eigene Position als Teil der Darstellung zu begreifen«[390]. In der Camera ist der Betrachter »eher eine marginale, ergänzende Präsenz, unabhängig von der Apparatur der Repräsentation«[391]. Doch den Ausführungen Berkeleys nach sitzen wir nicht wie ein Beobachter im Inneren einer Camera obscura, um von dort aus auf eine Leinwandwelt zu blicken, sondern sind unweigerlich mit der Wahrnehmung ›in die Welt eingelassen‹. Die Wahrnehmung macht aus uns ein relationales und multivariables Beziehungsgefüge.

2.4 Das Ich ist keine Substanz

Vor dem Hintergrund, dass auch Berkeley in seinen offiziellen Schriften des Frühwerkes davon spricht, dass der Geist (*mind*) eine Substanz sei, mögen die bis hierher vorgetragenen Annahmen völlig überzogen klingen. In den *Prinzipien der menschlichen Erkenntnis* schreibt Berkeley explizit, »daß es

---

387 George Berkeley, *Tagebuch*, 429.
388 George Berkeley, *Tagebuch*, 799.
389 Ebd., 646.
390 Jonathan Crary, *Techniken des Betrachters*, S. 51.
391 Ebd.

2 DIE KRITIK AM MODELL DER CAMERA OBSCURA

keine andere Substanz gibt als den Geist (*mind*).«[392] Vieles scheint dafür zu sprechen, dass auch Berkeley einen Mentalismus vertritt, in dem das Ich als eine singuläre Substanz – eine *res cogitans* – gedacht wird. Wie also sollte sich ein Denken in Substanzkategorien mit einem Denken in Relationskategorien vereinbaren lassen?

Erneut zeichnet sich nach genauerer Prüfung des Gesamtwerkes ein ganz anderes Bild ab: Vor allem in Berkeleys *Tagebuch* lassen sich Eintragungen auffinden, die das in den offiziellen Schriften des Frühwerks Vorgetragene in Frage zu stellen vermögen. Trotz aller Diskussionen, die um den Stellenwert des Tagebuchs noch immer geführt werden[393], ist festzuhalten, dass zumindest in einem Punkt Einigkeit herrscht: Das *Tagebuch* ist definitiv von Berkeley verfasst worden. Zudem weißt der Berkeley-Kenner Stephen Daniel darauf hin, dass etwaige Unstimmigkeiten von offiziellen und inoffiziellen Schriften nicht dazu führen sollten, der Annahme zu unterliegen, dass die im *Tagebuch* vorgetragenen Gedanken von Berkeley nur temporär vertreten oder gar im Laufe seines Schaffens verworfen worden seien: »The fact that Berkeley's published comments appear to be inconsistent with some of his unpublished does not permit us to conclude that the unpublished comments represents views that he rejects or doubts. It is obviously easier to dismiss his unpublished remarks rather than to do the hard work of discerning how seeming inconsistencies can be overcome.«[394] Warum also sollte das *Tagebuch* dann nicht auch als eine legitime und erweiternde Materialquelle seiner offiziell herausgegebenen Schriften dienen können?

Insofern man also dazu bereit ist, dieses in der Bewertung des Immaterialismus nicht außen vor zu lassen, dann vermag sich allem Anschein nach nirgends so deutlich wie im *Tagebuch* zu zeigen, dass Berkeley in seiner Zeit ein höchst progressiver Denker war: Es lassen sich dort Einträge auffinden, in denen erstaunlicherweise auf eine Gleichursprünglichkeit und Gegenseitigkeit von Ich und Welt angespielt wird. Berkeley schreibt: »Mind is a congeries of Perceptions. Take away Perceptions & you take away the Mind put the Perceptions & you put the mind.«[395] An einer anderen Stelle notiert er sich: »Wie unterscheidet sich die Seele von ihren Ideen? Wenn es keine sinnlichen Ideen gäbe, könnte es gewiss auch keine Seele, keine Wahrnehmung geben.«[396] Das führt Berkeley direkt zu der folgenden Notation: »The very

---

392 George Berkeley, *Prinzipien der menschlichen Erkenntnis*, § 7.
393 Stephen Daniel, *How Berkeley's Works Are Interpreted*, S. 9.
394 Ebd., S. 7.
395 George Berkeley, *Tagebuch*, 580.
396 Ebd., 478.

existence of Ideas *constitutes the soul* (Hervorhebungen, M.H.).«[397] In zusammengefasster Form: »Consciousness, perception, existence of Ideas seem to be all one.«[398] Es sind derartige Notationen, die sich unmöglich etwa mit dem substantialistischen Denken René Descartes in Übereinstimmung bringen lassen. Wie Richard Rorty treffend bemerkt, ist es nämlich Descartes, auf den die für das siebzehnte Jahrhundert einschlägige Definition des Substanzbegriff als eine »Existenz *a se*«[399] zurückgeht: Die *res cogitans* Descartes ist als eine vom Körper getrennte und immaterielle Existenzform zu denken – als eine mentale Eigenwelt, die sich von allem Materiellem ›ablösen‹ lässt, um auch noch dann fortbestehen zu können, wenn die *res extensa* vernichten werden würde.

Vor diesem Hintergrund lässt sich die Frage nicht vermeiden, ob auch Berkeleys Bemerkungen zu einer *mental substance* in den offiziellen Schriften des Frühwerkes in eine solche Richtung weisen? Wird der Geist (*mind*) auch im Immaterialismus als eine eigenständige und unabhängige Wesenheit gedacht? Hierzu sind in der Berkeley-Forschung vor allem zwei Namen zu nennen, die diese Fragen wohl am deutlichsten verneinen würden: Collin Turbayne und Stephen Daniel.

In dem für Furore sorgenden Aufsatz *Berkeley's Two Concepts Of Mind* aus dem Jahr 1959 behauptet Collin Turbayne, dass Berkeley das Wort Substanz nicht im Sinne einer für sich bestehenden Sache verwenden würde: »The mind, the will, and the understanding cannot be things at all. The mind cannot be called a substance – a thing in which ideas inhere – in any literal sense [...] To think that they are (the mind, the will, and the understanding, M.H.) is to fall into the philosophers' traps about metaphors, proper names, abstract ideas, and category mistakes.«[400]

Die Pointe von Turbaynes Leseweise des Immaterialismus' besteht nun aber nicht darin, diesem Befund weiter nachzugehen, sondern um auf dessen Basis eine abenteuerliche These zu verteidigen: Berkeley – »the tactician«[401] – habe nur deshalb den Geist (*mind*) als eine Substanz betitelt, damit sein Immaterialismus nicht gegen die theologische Doktrin der Unsterblichkeit der Seele verstoßen würde. Die Legitimation für diese Behauptung erhält Turbayne durch eine Notation Berkeleys im Tagebuch: »Äußerste Vorsicht zu gebrauchen, um der Kirche oder ihren Mitgliedern nicht den geringsten Vorwand zum Ärgernis

---

397 Ebd., 577.
398 Ebd., 578.
399 Richard Rorty, *Der Spiegel der Natur*, S. 80.
400 Collin Turbayne, *Berkeley's Two Concepts of Mind*, S. 91.
401 Ebd., S. 92.

2 DIE KRITIK AM MODELL DER CAMERA OBSCURA 85

zu geben.«[402] Collin Turbaynes Ziel besteht also schlussendlich darin, darauf aufmerksam zu machen, dass Berkeley womöglich seines Bischoffsamtes entledigt worden wäre, wenn er in aller Eindeutigkeit dargelegt hätte, dass die Seele (*mind*) keine unzerstörbare und vom Körper unabhängige Substanz sei. Deshalb würde Berkeley zwar noch von *Substanz* reden, diese Rede aber auf strategische Weise ins ›Leere‹ laufen lassen: »The word *mental substance* denotes nothing.«[403]

Ohne sich auf derartige Annahmen über die Motivationen für Berkeleys Vorgehen einzulassen, ist an dieser Stelle erneut auf den Aufsatz *How Berkeley's Works Are Interpreted* von Stephen Daniel aus dem Jahr 2011 einzugehen, in dem mit Nachdruck darauf hingewiesen wird, dass im Immaterialismus eine zu der von Descartes oder Locke verschiedene – wenn auch »extravagante« – Position formuliert ist.

Denn – so lautet die etwas nüchternere Antwort von Daniel: Berkeley will um jeden Preis die Verdinglichung und Verobjektivierung von *mind* vermeiden, die durch die von Descartes herkommende Bedeutung des Terminus Substanz vorgegeben wird.[404] Demnach plädiert Daniel in puncto der *Substanz* dafür, dass wir die mit diesem Terminus bei Locke oder Descartes verbundenen Bedeutungen nicht auf Berkeleys Philosophie ›projizieren‹ sollten, weil dabei »Berkeley's own use of terms«[405] unberücksichtigt bliebe: »Spirit is not some thing or object that has a will, for to think of it that way would reinstate the very substance-mode ontology that Berkeley wants to overthrow.«[406]

Festzuhalten bleibt, dass sowohl Daniel als auch Turbayne der Meinung sind, dass Berkeley trotz der Verwendung des Terminus Substanz in Bezug auf den Geist (*mind*) im Grunde eine Position vertritt, die danach trachtet, dass substantialistische Denken etwa Descartes oder Lockes aufzuheben. In den Überlegungen Turbaynes und Daniels wird also auf einen für die hiesige Untersuchung entscheidenden Punkt hingewiesen: Wenn die von Berkeley veröffentlichten und unveröffentlichten Schriften genau analysiert werden, dann vermag sich zu zeigen, dass sich Berkeley trotz des Gebrauchs von *Substanz* gegen die Lehre eines substantiellen Ichs, eines »embodied self«[407], richten würde. Zumindest unter Zuhilfenahme des *Tagebuchs* lässt sich diese These eindeutig belegen. So etwa auch mit diesem darin befindlichen Eintrag: »Behauptet ihr, der Geist sei nicht die Wahrnehmungen, sondern das Ding, was

---

402 George Berkeley, *Tagebuch*, 715.
403 Collin Turbayne, *Berkeley's Two Concepts of Mind*, S. 91.
404 Stephen Daniel, *How Berkeley's Works Are Interpreted*, S. 8 ff.
405 Ebd., S. 10.
406 Ebd.
407 Colin Turbayne, *Berkeley's Two Concepts of Mind*, S. 87.

wahrnimmt, so erwidere ich, daß ihr von den Wörtern *das* und *Ding* getäuscht werdet. Diese sind undeutliche, leere Wörter ohne eine Bedeutung.«[408] In den offiziellen Schriften ist die Sachlage dagegen verzwickter: Einerseits sagt Berkeley explizit, dass der Geist (*mind*) eine Substanz sei. Andererseits unterläuft er derartige Aussagen, indem er seinen *mind-talk* prinzipiell als metaphorisch kennzeichnet. Etwa in den *Prinzipien* schreibt Berkeley, dass wir uns nicht nur in Bezug auf »die Tätigkeiten des Geistes« sondern uns auch bezüglich dessen »Natur« klar zu machen haben, nicht ohne Metaphorik auszukommen.[409]

In den *Drei Dialogen* verkündet er zudem, dass er nicht über das hinausgehe, »was die herrschende Praxis, die der Sprache bekanntlich die Regel vorgibt, sanktioniert hat«[410]. Daraus lassen sich die folgenden Schlussfolgerungen ziehen: Obwohl Berkeley noch mit der seinerzeit akzeptierten Substanz-Terminologie arbeitet, muss er sie nicht zwangsläufig auch den Konventionen der Zeit gemäß verwenden. Nicht grundlos notiert er sich im *Tagebuch*: »Es ist klug, die Irrtümer der Menschen ohne Veränderung ihrer Sprache zu berichtigen.«[411]

Für die Auslegung des Immaterialismus kann das nicht folgenlos bleiben. Deshalb lautet die noch zu belegende These: Berkeley subvertiert die seinerzeit akzeptierten Verwendungsweisen gängiger Termini, indem er die »Redegewohnheiten, die sich in der Sprache unserer Vorfahren festgesetzt haben«[412] nicht etwa aufhebt, sondern in ein ›anderes Licht stellt‹ – so auch in Bezug auf *Substanz*: Nicht auf ein existierendes Ding, eine Sache oder eine Entität wird mit diesem Ausdruck im Immaterialismus referiert, sondern auf einen »Totalhorizont«[413], der sich aus der Perspektive eines wahrnehmenden Subjektes unmöglich verlassen lässt, weil sich alles Wahrgenommene unhintergehbar in den Strukturen oder Formen eines solchen Horizontes für das Subjekt präsentiert.

Was es mit einem solchen »Totalhorizont« auf sich hat, kann Hans Blumenbergs *Ausblick auf eine Theorie der Unbegrifflichkeit* entnommen werden. Unter dem Stichwort »Totalhorizont« lassen sich all jene Phänomene einholen, die »für unsere Erfahrung nicht mehr zu durchschreiten und abzugrenzen sind«,

---

408 George Berkeley, *Tagebuch*, 581.
409 George Berkeley, *Prinzipien der menschlichen Erkenntnis*, § 144.
410 George Berkeley, *Drei Dialoge*, S. 113.
411 George Berkeley, *Tagebuch*, 185.
412 Richard Rorty, *Der Spiegel der Natur*, S. 70.
413 Hans Blumenberg, *Ausblick auf eine Theorie der Unbegrifflichkeit*, in: *Schiffbruch mit Zuschauer*, S. 90.

2 DIE KRITIK AM MODELL DER CAMERA OBSCURA

weil sie sich »der erfüllbaren Intentionalität entziehen«[414]. Um sie aber dennoch der philosophischen Reflexionsarbeit zugänglich zu machen, kann auf einen von Blumenberg so genannten »Grenzwert«[415] zurückgegriffen werden: die absolute Metapher. Unter deren Zuhilfenahme lässt sich das »als Gegenständlichkeit unerreichbare Ganze ›vertretend‹ vorstellig machen«[416].

Das könnte nun auch mit Hilfe der *immaterial substance* in Berkeleys Immaterialismus zu bewerkstelligen versucht werden: Sie steht dann nicht minder als ein Stellvertreter für das »unerreichbare Ganze« ein – in unserem Falle für den »Totalhorizont« *mind*. Das ist zu erläutern: Der Geist (*mind*) ist für Berkeley in genau dem Sinne eine Substanz wie er eine »Unterlage für Ideen« (*support of ideas*) ist. Das schreibt Berkeley nicht nur in den *Prinzipien* sondern auch in den *Drei Dialogen*. Zunächst lässt sich an dieser Stelle noch kein größerer Unterschied etwa zu John Lockes Definition von Substanz feststellen. Auch dieser hält *Substanz* »dem eigentlichen Wortsinn nach«[417] für »das Darunterstehende«[418] oder »das Emporhaltende«[419]. Allerdings – und allein darauf kommt es im Folgenden an – verwendet Locke diese Definition um auf deren Basis eine ontologische Aussage zu treffen: Wie auch Descartes ist Locke der Meinung, dass der Geist faktisch ein solches substantielles Ding sei – er existiere wirklich als eine besondere und eigenständige Wesenheit.

Darauf kann nur eine Frage folgen: Woher weiß John Locke, dass immaterielle Substanzen realiter in der Welt vorhanden sind? Seine eigene Antwort darauf lautet: »Die Erfahrung lehrt uns die Gewißheit, dass solche Wesen existieren.«[420] Diese Antwort hält Berkeley für unzulässig. Denn: Nicht mit Hilfe von Erfahrung, sondern allein aufgrund einer Abstraktionsleistung vermag eine solche Existenzbehauptung für immaterielle Substanzen aufgestellt zu werden. In den *Prinzipien* gibt uns Berkeley explizit zu verstehen, dass der Geist (*mind*) nicht von seiner »Denktätigkeit« getrennt werden könne. Erst wenn uns das gelingen würde, dürften wir auch mit Recht behaupten, *mind* wie einen Gegenstand analysieren zu können, von dem sich dann sagen ließe, dass er ein substanzielles Ding sei – eben eine *res*. Doch für Berkeley kann *mind* unmöglich zu einem Untersuchungs*gegenstand* gemacht werden. Der Geist (*mind*) lässt sich nicht zu einem hypostasierten Objekt machen: »In

---

414 Ebd.
415 Ebd.
416 Hans Blumenberg, *Paradigmen zu einer Metaphorologie*, S. 29.
417 John Locke, *Versuch über den menschlichen Verstand*, 2. Buch, XXIII. Kapitel, 2. Absatz.
418 Ebd.
419 Ebd.
420 Ebd., 29. Absatz.

der Tat wird jeder, der versucht, die Existenz eines Geistes von seiner Denktätigkeit zu trennen, eine nicht eben leichte Aufgabe finden.«[421]

Daraus schlussfolgert Berkeley: »Die Seele (*mind*) denkt immer.«[422] Diese Behauptung steht im direkten Gegensatz zu der von John Locke: »Die Seele denkt nicht immer.«[423] Locke ist sich darüber im Klaren, welche fatalen Folgen es für seine Existenzaussagen bezüglich einer geistigen Substanz mit sich bringen würde, wenn er nicht auch die These vertreten würde, dass die Seele nicht immer denkt. Denn: Wenn die Seele als »eine ständig denkende Substanz definiert werden würde«, so kann sich Locke davon »keine andere Wirkung versprechen, als daß sie bei vielen Menschen den Verdacht erregt, sie hätten überhaupt keine Seele.«[424]

Genau diese Annahme vertritt aber Berkeley im Gegensatz zu Locke – sowohl in seinen offiziellen Schriften als auch im *Tagebuch*. In den *Prinzipien* schreibt er: »Die Seele denkt immer.«[425] Im *Tagebuch* notiert er sich zudem: »Locke scheint sich zu irren, wenn er behauptet, Denken sei für den Geist (*mind*) nicht wesentlich.«[426] Das ergänzt er um die folgende Bemerkung: »Zu behaupten, der Geist (*mind*) existiere, ohne zu denken, ist ein Widerspruch, Unsinn, nichts.«[427]

In Bezug auf die hiesige Untersuchung kann daraus einerseits geschlussfolgert werden, dass sich *mind* nicht als eine von unserem Denkvermögen unabhängige – substantielle Sache – beobachten lässt. Andererseits, dass keinerlei Erfahrung dafür sprechen würde, dass eine mentale Eigenwelt an und für sich existiere. Kurzum: Im Gegensatz etwa zu den substantialistischen Philosophien Descartes oder Lockes ist der Geist (*mind*) für Berkeley keine »Existenz *a se*«[428]. Berkeley zweifelt zu Recht daran, dass der Geist (*mind*) als ein realiter existierendes Ding aufgefasst werden könne. Im *Tagebuch* notiert er sich, dass *mind* »nicht einsehbar, auf keine Weise das Objekt des Verstandes«[429] sein könne. In den *Prinzipien der menschlichen Erkenntnis* schreibt er: »There can be no idea of a spirit.«[430]

---

421 George Berkeley, *Prinzipien der menschlichen Erkenntnis*, § 98.
422 Ebd.
423 John Locke, *Versuch über den menschlichen Verstand*, 2. Buch, I. Kapitel, 18. Absatz.
424 Ebd., 19. Absatz.
425 George Berkeley, *Prinzipien der menschlichen Erkenntnis*, § 98.
426 George Berkeley, *Tagebuch*, 650.
427 Ebd., 652.
428 Richard Rorty, *Der Spiegel der Natur*, S. 80.
429 George Berkeley, *Tagebuch*, 828.
430 George Berkeley, *Works II*, S. 104.

2 DIE KRITIK AM MODELL DER CAMERA OBSCURA

Wie aber haben wir dann Berkeleys Rede von einer *immaterial substance* in den offiziellen Schriften aufzufassen? Aus metaphorologischer Perspektive lässt sich unter Berücksichtigung dieser Sachlage der Vorschlag machen, dass *mind-* oder *substance-talk* im Immaterialismus nicht mehr wie noch bei Locke mit einer *hinzeigenden* sondern mit einer *anzeigenden* Funktion verbunden ist: Der Leser von Berkeleys Schriften soll nicht von einer realiter existierende Entität überzeugt werden, sondern auf eine formale oder kategoriale Ebene ›hingelenkt‹ werden, die einer nicht-propositionalen entspricht. Nicht also die begriffliche Beschreibung einer theoretischen Entität steht im Zentrum von Berkeleys *substance-talk*, sondern die supratheoretische *Anzeige* eines als »Unterlage« metaphorisierten Totalhorizontes.

Damit geht unweigerlich einher, dass die *immaterial substance* Berkeleys lediglich als eine Art »Hilfsmittel«[431] aufgefasst werden sollte, dessen konkrete Aufgabe allein darin besteht, in *anzeigender Weise* auf Distanz zu bringen, was uns selbst zu nah ist: *Mind*. Dass es für diese Leseweise auch einen guten Grund gibt, lässt sich folgendermaßen verdeutlichen: Wenn sich die Thesen John Lockes bezüglich einer substantiellen Seele mit Verweis auf Berkeleys *esse est percipi*-Prinzip als unzulässig herauszustellen vermögen, weil sich der semantische Gehalt von Lockes Behauptungen nicht empirisch verifizieren lässt, so kann daraus geschlossen werden, dass Berkeley nicht auch die Meinung vertreten kann, dass der Geist (*mind*), im wörtlichen Sinne, ein substantielles Ding ist. Wenn er aber dennoch in seinen offiziellen Schriften darauf beharrt, dass es »keine andere Substanz gibt als den Geist«[432], könnte Berkeley die Referenzebenen der seinerzeit akzeptierten Termini versetzt haben, um sich nicht selbst ad absurdum zu führen. Kurzum: Berkeleys *immaterial substance* referiert nicht mehr noch wie in Lockes Schriften auf eine *res*, sondern steht nur noch als ein Stellvertreter für »das unerreichbare Ganze«[433] ein – in unserem Falle für *mind*.

Damit ist die definitorische Bedingung absoluter Metaphorik im Sinne von Hans Blumenberg erfüllt: In der Rede von *mind* als einer Substanz in der Art einer »Unterlage« (*support*) wird lediglich eine »Übertragung der Reflexion über einen Gegenstand der Anschauung auf einen ganz anderen Begriff« getätigt, »dem vielleicht nie eine Anschauung direkt korrespondieren kann«[434]. Mit Blick auf unsere Untersuchung heißt das nichts anderes, als dass wir einen für uns ›unverlässlichen‹ Totalhorizont – *mind* – denkbar machen können,

---

431 Rüdiger Zill, *Substrukturen des Denkens*, in: *Begriffs-, Diskurs-, Metapherngeschichte*, S. 231.
432 George Berkeley, *Prinzipien der menschlichen Erkenntnis*, § 7.
433 Hans Blumenberg, *Paradigmen zu einer Metaphorologie*, S. 29.
434 Ebd., S. 15.

indem wir uns mit einem Stellvertreter begnügen: Nämlich mit der *Substanz*, die von Berkeley als eine »Unterlage« dargestellt wird, auf der sich die Welt für das Subjekt ›präsentiert‹. Es geht also nicht darum, *mind* faktisch als ein substantielles Ding zu kennzeichnen, sondern *mind* unter Zuhilfenahme der Idee von *Substanz* als einer »Unterlage« der Reflexionsarbeit zugänglich zu machen.

Dass eine solche Leseweise Berkeley ein Stück weit entgegen zu kommen vermag, ergibt sich vor dem Hintergrund von Berkeleys unermüdlich im Gesamtwerk vorgetragener Forderung, seine Worte nur als »Gelegenheiten« (*occasions*) aufzufassen – so etwa auch in der Einleitung zu den *Prinzipien*: »I entreat him (the reader, M.H.) that he would make my words *the occasion* of his own thinking (Hervorhebungen, M.H.).«[435] Noch deutlicher wird Berkeley in einem Tagebucheintrag: »Noch einmal wünsche ich, mein Leser sei auf der Hut vor der Täuschung durch Wörter. Er soll sich in acht nehmen, daß ich ihn nicht mit plausiblem, leerem Gerede beschwindele, jener üblichen, gefährlichen Art, die Menschen in Absurditäten zu verführen. *Er soll meine Wörter nur als Gelegenheiten betrachten* [...] Ich wünsche und warne ihn, *daß er weder in meinem Buch noch woanders als in seinem eigenen Geist* (mind) *Wahrheit zu finden hoffe. Was auch immer ich selbst sehe, ich kann es unmöglich in Worten ausmalen* (Hervorhebungen, M.H.).«[436] Insofern man dazu bereit ist, diese von Berkeley selbst formulierten Forderungen auch in der Auslegung von Berkeleys *substance-talk* zu berücksichtigen, verschiebt sich unweigerlich der Fokus in der Auslegung von Berkeleys *philosophy of mind*.

Einerseits ist davon abzusehen, die *immaterial substance* Berkeleys wie etwa Descartes *res cogitans* aufzufassen: Berkeleys *immaterial substance* teilt nichts »Inhaltliches«[437] mehr mit einer hypostasierten *res cogitans*. Damit geht einher, dass Berkeley *Substanz* nicht mehr in der Bedeutung der »traditionellen Auffassung«[438] René Descartes benutzt – wie von Marc Hight und Walter Ott in einem Aufsatz aus dem Jahr 2004 vorgetragen. In keinem Falle ist Berkeley gar ein »Cartesian in spirit«[439] – wie von William Beardsley im Jahr 2001 ausgesagt: »Berkeley's *spirit*, I suggest, is a close cousin to Descartes' *thinking thing* and has the same sort of unity.«[440] Andererseits ist festzuhalten, dass Berkeley deshalb aber *Substanz* nicht etwa ›ins Leere laufen‹ lässt – wie dies von Collin

---

435   George Berkeley, *Works II*, S. 40.
436   George Berkeley, *Tagebuch*, 696.
437   Hans Blumenberg, *Paradigmen zu einer Metaphorologie*, S. 15.
438   Marc Hight und Walter Ott, *The New Berkeley*, S. 4 ff.
439   William Beardsley, *Berkeley on Spirit and its unity*, S. 260.
440   Ebd.

2 DIE KRITIK AM MODELL DER CAMERA OBSCURA

Turbayne behauptet wird[441]; noch verwendet er *Substanz* als einen »Pleonasmus«[442] – wie beispielsweise von Arend Kulenkampff angenommen.

Im Gegensatz zu diesen in der Berkeley-Forschung noch immer kursierenden Meinungen lässt sich unter metaphorologischen Gesichtspunkten das folgende Ergebnis zusammenfassen: Nicht mehr auf eine Entität *hinzuzeigen*, sondern einen als »Unterlage« (*support*) metaphorisierten Totalhorizont *anzuzeigen*, kann als das Ziel des *substance-talk* im Immaterialismus gelten. Worauf es demnach prinzipiell ankommt, ist davon abzusehen, die hier als absolute Metaphorik aufgefassten Ausführungen Berkeleys von *mind* als einer *immaterial substance* wie »eigentliche Aussagen zu analysieren«[443]. Absolute Metaphern sind nämlich »nicht buchstäblich *wahr*«[444], haben aber doch »eine bestimmte sinnvolle Funktion«[445], die Rüdiger Zill als eine »helfende«[446] und Hans Blumenberg als eine »pragmatische«[447] bestimmt.

Mit Bezug auf die Überlegungen Gottfried Gabriels kann die Funktion absoluter Metaphorik aber auch als eine »zeigende«[448] verstanden werden: Absoluten Metaphern sind nicht wie auf Beweisführung angelegte Aussagen zu lesen, sondern lediglich als »zeigende Argumente«[449], die sich auf die Strukturen oder die Formen beziehen, in denen wir die Welt erfassen. Deshalb werden sie von Gabriel auch »kategoriale Metaphern«[450] genannt. Ob man aber nun von absoluter oder kategorialer Metaphorik zu sprechen pflegt, ist hier nicht von Relevanz. Es kommt vielmehr darauf an, zu berücksichtigen, dass die in absoluten oder kategorialen Metaphern formulierten Argumente »notgedrungen über das hinausgehen müssen, was sie selbst propagieren«, weil es sich bei diesen zumeist um »kategoriale Erläuterungen« handelt, die sich nicht auf eine Gegenstand, sondern auf die Bedingungen der Möglichkeit beziehen, die selbst wiederum in alle Gegenstandsbereiche hineingetragen werden.[451]

---

441 Collin Turbayne, *Berkeley's Two Concepts of Mind*, S. 91.
442 Arend Kulenkampff, Einleitung, in: *Prinzipien der menschlichen Erkenntnis*, S. XLI.
443 Gottfried Gabriel, *Zwischen Logik und Literatur*, S. 87.
444 Rüdiger Zill, *Substrukturen des Denkens*, in: *Begriffs-, Diskurs-, Metapherngeschichte*, S. 240.
445 Ebd.
446 Ebd., S. 231.
447 Hans Blumenberg, *Paradigmen zu einer Metaphorologie*, S. 29.
448 Gottfried Gabriel, *Kategoriale Unterscheidungen und absolute Metaphern*, in: *Metaphorologie*, S. 79.
449 Gottfried Gabriel, *Zwischen Logik und Literatur*, S. 88.
450 Gottfried Gabriel, *Kategoriale Unterscheidungen und absolute Metaphern*, in: *Metaphorologie*, S. 79.
451 Ebd., S. 81.

Werden diese Überlegungen von Gottfried Gabriel auf Berkeleys Annahmen bezüglich einer *immaterial substance* angewandt, dann lassen sich die folgenden Schlussfolgerungen erzielen: Berkeley versucht unter der Zuhilfenahme der *Substanz* – als einer »Unterlage« für die Gegenstände der Welt – *zu zeigen*, wie Welt und Subjekt unter transzendentalen Gesichtspunkten miteinander korrelieren. Im Einzelnen bedeutet das: Die Dinge der Welt geben sich in der Wahrnehmung in den ›untergelegten‹ Strukturen des wahrnehmenden Subjektes. Der Wahrnehmende kann sich in genau dem Sinne als eine *Substanz* verstehen, wie er sich in pragmatischer Hinsicht als eine konstituierende »Unterlage« begreifen darf, auf der ›die Welt‹ überhaupt erst eine Struktur bekommt. Die Wahrnehmungen weißen also spezifische Persönlichkeitsmerkmale des Wahrnehmenden auf. Denn: Die »Unterlage« ist keine immergleiche sondern eine von Mensch zu Mensch differierende. Ihre individuelle Form entscheidet darüber, wie die Welt auf ihr entworfen ist: »Speak of the world as contained by the soul«[452] – schreibt Berkeley in der *Siris*.

Dass hiermit aber nicht auf einen ›inneren Schauplatz‹, sondern auf ein relationales Gewebe von Subjekt und Welt angespielt wird, zeigt sich in aller Deutlichkeit, wenn wir den Immaterialismus erneut vor die ›Kontrastfolie‹ des Modells der Camera obscura setzen.

2.5 Es gibt keinen ›inneren Schauplatz‹ für ein ›ent-individualisiertes Auge‹

Wird der Wahrnehmungsvorgang im Sinne des Modells der Camera obscura konzipiert, dann ergibt sich die folgende Grundkonstellation: Der Wahrnehmende sitzt in der Camera und betrachtet ›dort‹ Darstellungen von materiellen Gegenständen. Im Modell der Camera wird das Subjekt als ein ›Bewohner‹ eines autarken – von der materiellen Welt losgelösten – ›inneren Schauplatzes‹ verstanden. Der Camera obscura kommt dabei die Funktion einer »Schnittstelle« zu, die »zwischen den bei Descartes noch vollständig voneinander getrennten *res cogitans* und *res extensa* vermittelt«[453].

Im Gegensatz zu dieser modelltheoretischen Ausgangslage lässt sich Berkeleys Ausführungen entnehmen, dass sich das Wahrgenommene in den immateriellen Strukturen des Subjektes gibt: Wahrnehmung wird im Immaterialismus in Abhängigkeit von den Strukturen, Prozessen und

---

452 George Berkeley, *Works V*, S. 133.
453 Jonathan Crary, *Techniken des Betrachters*, S. 56.

Relationenbildungen des Subjektes gedacht. Wie im vorhergehenden Kapitel dargestellt ist, kommt das wahrnehmende Subjekt, in einem metaphorischen Sinne, für Berkeley einer individuell geprägten »Unterlage« gleich, auf der sich ›die Welt‹ in den ›untergelegten Strukturen‹ des Subjektes konstituiert. Eine solche »Unterlage« ist aber nicht als etwas Starres oder Festes zu denken: Das könnte den Gedanken an eine selbstständige, autonome oder fundamentale Entität hervorrufen. Vielmehr sollte Berkeleys »Unterlage« als eine ›multi-variable‹ vorgestellt werden. Denn: Im Immaterialismus wird nicht mehr wie noch im Modell der Camera obscura ›fein säuberlich‹ zwischen Subjekt und Welt getrennt. Vielmehr befinden sich Welt und Subjekt einem miteinander und wechselseitig korrelierenden Verbund. Nicht grundlos notiert Berkeley etwa in seinem *Tagebuch*, dass die »Unterscheidung zwischen materieller und geistiger Welt leer«[454] ist.

Das führt die folgende Konsequenz mit sich: Berkeleys *immaterial substance* ist eine multiflexible und individuell verschiedene. In seiner Konzeption des *Ichs* versucht Berkeley den Besonderheiten einer Person gerecht zu werden. In den *Prinzipien* schreibt er: »What I am myself is the same with what is meant by soul or spiritual substance.«[455] Dieser Hinweis wird in den *Drei Dialogen* um die folgende wichtige Information erweitert: »I am therefore one individual principle.«[456]

Wenn dem so ist, dann lässt sich mit Berechtigung behaupten, dass das *Ich* im Immaterialismus nicht mehr wie noch bei Descartes als eine ent-individualisierte Instanz gedacht wird, die keine eigene Perspektive kennt, weil sie von aller individuellen Stilistik befreit worden ist.[457] Von Descartes Ich-Konzeption muss man nämlich sagen, dass diese überhaupt nichts Spezifisches mehr für ein personales Ich beinhaltet: Descartes philosophischer Ich-Begriff entspricht vielmehr einem *Es*. Andreas Kemmerling bringt das in seiner Studie, *Ideen des Ichs*, ausführlich zur Darstellung. Doch lange vor Kemmerlings Analyse ist das bereits von Georg Christoph Lichtenberg erkannt worden: »Es denkt, sollte man sagen, so wie man sagt: es blitzt. Zu sagen cogito, ist schon zu viel, sobald man es durch Ich denke übersetzt.«[458]

Warum aber bevorzugt Descartes überhaupt ein neutrales oder un-bestimmtes Es anstelle eines personalen oder bestimmten Ichs? Vor dem Hintergrund der Camera obscura wird der Anlass für Descartes Konzeption

---

454 George Berkeley, *Tagebuch*, 538.
455 George Berkeley, *Works II*, S. 104 ff.
456 Ebd., S. 234.
457 Andreas Kemmerling, *Ideen des Ichs. Studien zu Descartes' Philosophie*, S. 122 ff.
458 Georg Christoph Lichtenberg, *Sudelbücher*, K 76, S. 412.

des *Ichs* in der Art eines Neutrums ersichtlich: Im Modell der Camera obscura sind alle Menschen gleich, weil die in der Camera auftauchenden zweidimensionalen Bilder keiner Perspektivität des Betrachters unterliegen. Dieser modellspezifische Sachverhalt kann als eine Voraussetzung dafür angesehen werden, dass Descartes das *Ich* von aller empirischen Individualität zu befreien versucht. Er transformiert es in ein ›ent-individualisiertes‹ metaphorisches Auge, das nicht ein sinnliches, sondern ein geistiges ist.

In direkter Verbindung dazu steht Descartes generelles Philosophieverständnis, das an den Gedanken der Evidenz, im Sinne einer Einsicht des Geistes, gebunden ist.[459] Ein für Descartes angemessenes Philosophieren beginnt genau dann, wenn der Philosoph das sinnliche Sehen hinter sich lässt und mit dem Auge des Geistes, der Ratio, in reflexiver Weise ›zu gucken‹ beginnt. In seiner *zweiten Meditation* schreibt Descartes: »Die Erkenntnis ist nicht ein Sehen [...], sondern sie ist eine Einsicht einzig und allein des Verstandes.«[460] Davon kann man halten, was man will. Tatsache ist, dass es zu einem von Descartes Anliegen gehört, alle philosophisch begabten Menschen »in Augen verwandelt«[461] haben zu wollen: in geistige Augen, denen alles für ein menschliches Individuum Spezifische fehlt, weil sie keiner Individualität mehr unterliegen.[462] Jonathan Crary bemerkt diesbezüglich: »Wenn es der Kern von Descartes' Methode war, die Ungewißheit des menschlichen Sehens und die Verwirrung der Sinneswahrnehmungen zu überwinden, so paßt die Camera obscura zu seinem Versuch, das menschliche Wissen auf eine rein objektive Betrachtung der Welt zu gründen. Dieses Gerät verkörpert die Stellung des Menschen zwischen Gott und der Welt. Die Camera obscura, die auf den Naturgesetzen (der physikalischen Optik) gründet, aber auf eine Ebene außerhalb der Natur extrapoliert wird, bietet einen Blickwinkel auf die Welt, der dem Auge Gottes vergleichbar ist. Sie ist ein unfehlbares, metaphysisches Auge.«[463] In dieser Passage wird uns ein entscheidendes Stichwort in Bezug auf Descartes Idee eines ent-individualisierten *Ichs* in der Art eines metaphorischen Auges gegeben: Es handelt sich um eine metaphysische Konzeption, die auf der Grundlage des Modells der Camera obscura entworfen ist. Das lässt die Schlussfolgerung zu, dass bereits bei Descartes die Camera

---

459 Andreas Schmidt, *Göttliche Gedanken*, S. 18 ff.
460 René Descartes, *Meditationen über die Grundlagen der Philosophie*, S. 24.
461 Daniel Defoe, *The Consolidator: or, Memoirs of sundry transactions from the world in the moon*, S. 57.
462 Andreas Schmidt, *Göttliche Gedanken*, S. 41 ff.
463 Jonathan Crary, *Techniken des Betrachters*, S. 57.

obscura als eine »Leitvorstellung«[464] auftritt, von der die philosophischen Ansichten Descartes' hintergründig organisiert werden.

Das Modell der Camera obscura ist schon bei Descartes weniger nur ein Hilfsmittel um Wahrnehmungsvorgänge darzustellen. Es wird nicht zuallererst dazu genutzt, eine »Autonomie des Sehens«[465] vorzubereiten, sondern um ein geistiges, metaphorisches Auge für die philosophische Arbeit zu legitimieren. Laut Jonathan Crary sei es nämlich »ganz und gar irreführend, die Camera obscura als eine frühe Stufe eines Prozesses zunehmender Autonomisierung und Spezialisierung des Sehens zu begreifen«[466], weil dieses Modell »*a priori* im Dienst eines nichtsinnlichen Denkvermögens« stehe, »das allein einen wahren Begriff von der Welt gibt«[467].

Daraus ergibt sich eine eigentümliche Situation: Obwohl das Modell der Camera bei Descartes explizit dafür vorgesehen ist, die Wahrnehmung zu beschreiben und zu erklären, dient ihm dieses Modell implizit dazu, den Gedanken der Evidenz – im Sinne einer objektiven Einsicht der Ratio – zu sichern. Das Modell der Camera führt also schlussendlich schon bei dem Vater des Paradigmas der Camera obscura über die bloße Konzipierung des Wahrnehmungsvorganges hinaus, indem dieses Modell als eine hintergründige »Leitvorstellung«[468] seiner philosophischen Gesamtkonzeption fungiert.

Unter anderem dieser Sachverhalt könnte Gilbert Ryle, Richard Rorty und Jacques Derrida, trotz aller der zwischen ihnen bestehenden Differenzen, zu der einheitlich geteilten Annahme geführt haben, dass die Entstehung der modernen Erkenntnistheorie auf blanker Metaphorik basiert: »Eigentlich sollte das theoretische Bild und die Metapher vom Ich als absoluten Zuschauer unter Anklage stehen«[469] – schreibt etwa Derrida in *Die Stimme und das Phänomen*. Wie auch Ryle und Rorty kritisiert Derrida all jene expliziten und impliziten in der Philosophie kursierenden Thesen, die sich auf einen inneren »Schauplatz«[470] beziehen.

Der Grund für Derridas Kritik ist der Folgende: Das metaphysische Projekt wird mehr oder weniger beabsichtigt fortgesetzt – allerdings in verschobener Form: Weg von einer Schau am logozentrischen Ideenhimmel Platos und hin zu den Einsichten die sich an einem intimen Schauplatz im ›Inneren‹ des Subjektes machen lassen. Konsequenterweise wirft Derrida die Frage auf: »Ist

---

464 Hans Blumenberg, *Paradigmen zu einer Metaphorologie*, S. 91.
465 Jonathan Crary, *Techniken des Betrachters*, S. 65.
466 Ebd.
467 Ebd.
468 Hans Blumenberg, *Paradigmen zu einer Metaphorologie*, S. 91.
469 Jacques Derrida, *Die Stimme und das Phänomen*, S. 21.
470 Ebd., S. 18.

aber nicht die Idee der Erkenntnis und der Erkenntnistheorie metaphysisch an sich?«[471]

Unabhängig davon wie die Antwort auf diese Frage ausfällt, lässt sich an diesem Punkt der Untersuchung festhalten, dass sowohl das Modell der Camera obscura wie auch das im ersten Teil dieser Arbeit thematisierte Modell eines *lumen rationale* wesentliche Grundbausteine für das in der Aufklärung geprägte Selbstverständnis des Subjektes legen. Unter Bezugnahme auf die Überlegungen Jonathan Crarys kann sogar eine Verbindung zwischen diesen beiden Modellen hergestellt werden: »Der Raum der Camera obscura, ihre Abgeschlossenheit, die in ihr herrschende Dunkelheit, die Trennung von der Außenwelt, all diese Aspekte sind eine Inkarnation des cartesianischen ›Ich will jetzt meine Augen schließen, meine Ohren verstopfen und alle meine Sinne ablenken.‹ Das geordnete und berechenbare Eindringen von Lichtstrahlen durch eine einzige Öffnung in der Camera obscura entspricht somit *dem Durchdrungensein des Geistes vom Licht der Vernunft und nicht der potentiell gefährlichen Sinnestäuschung* (Hervorhebungen, M. H.).«[472] Crary macht uns hier auf einen weiteren, wesentlichen Punkt aufmerksam: Nicht nur die Lichtmetaphorik sondern auch die Metaphorik der Camera obscura werden in der Aufklärung zu Zwecken der Legitimation eines rational und vernünftig operierenden Subjektes eingesetzt. Das lässt sich vor dem Hintergrund der hiesigen Untersuchung noch präzisieren. Sowohl das in der Aufklärung konventionalisierte Licht-Modell als auch das Modell der Camera obscura passen in mindestens einem Aspekt bestens zusammen: In beiden Modellen wird das Subjekt als ein der Welt autonom gegenüberstehendes dargestellt. Im Licht-Modell ist es ein dunkler Welt-Pol, der mit Hilfe eines *lumen rationale* auszuleuchten ist; im Modell der Camera obscura ist es die unergründliche Welt außerhalb der Camera, die dem Ich nur über den Umweg von Repräsentationen in Form von inneren Darstellungen zugänglich gemacht werden kann.

Kurzum: In beiden Modellen werden Welt- und Ich-Pol als voneinander abgetrennt dargestellt – zwischen dem Ich und der Welt herrscht eine Kluft, die nur mit der Hilfe von rationalen oder vernünftigen Operationen seitens des Subjektes zu überbrücken ist. Das ist im Modell der Camera wiederum mit der Konsequenz verbunden, dass nicht die sinnliche sondern eine »geistige Wahrnehmung«[473] von Interesse ist. Die in der Camera erscheinenden

---

471   Ebd., S. 12.
472   Jonathan Crary, *Techniken des Betrachters*, S. 53.
473   Ebd.

Abbildungen werden laut Crary »der Sinneswahrnehmung vorgezogen.«[474] Das sinnlich ›Vorgefundene‹ erhält prinzipiell den Stempel der Irreführung: Es vermag uns zu täuschen. Wahr ist in den ›Augen‹ der Verfechter der Camera obscura nicht, was sich sinnlich wahr-nehmen lässt, sondern was mit Hilfe eines geistigen Auges in aktiver Reflexionsarbeit betrachtet werden kann. Das Modell der Camera zielt schlussendlich nicht auf ein anschauendes, sondern auf ein denkendes oder verstehendes Wahrnehmen.

An dieser Stelle ist auf den Immaterialismus George Berkeleys zurückzukommen. Vor allem in Berkeleys frühen Schriften lassen sich Passagen auffinden, die sich als eine Kampfansage an das Modell der Camera lesen lassen. Und zwar genau deshalb, weil im Modell der Camera das Betrachten mit dem Auge des Geistes einem sinnlichen Sehen vorgezogen wird: Im Modell wird nicht mit den sinnlichen Augen *in* die Welt geschaut, sondern mit einem geistigen Auge *auf* die im Inneren der Camera erscheinenden Darstellungen von der Welt. Das hält Berkeley für suspekt. Er schreibt: »Die Objekte der Sinne zu völlig unsinnlichen Dingen zu machen, scheint mir, dem gesunden Menschenverstand zu widersprechen.«[475] Zu einem seiner philosophischen Hauptanliegen sollte deshalb gezählt werden, zum sinnlichen Auge *zurückzuführen*: Zu einem – wie es in den *Drei Dialogen* heißt – »naked eye«. Damit ist nicht mehr ein ›ent-individualisiertes geistiges Auge‹ gemeint, sondern das allgemeinhin bekannte Sinnesorgan.

Wenn Berkeley also etwa im Vorwort seiner *Drei Dialoge* von einer »native evidence«[476] des sinnlich Wahrgenommenen spricht, dann lässt sich diese Redeweise als ein Gegenentwurf zu der an Rationalität und Vernunft orientierten Einsichts-Metaphorik der Camera obscura-Theoretiker auffassen. Letztere zielen nämlich mit ihrer Metaphorik auf ein verstehendes Betrachten mit dem ›Auge des Geistes‹: »Die Erkenntnis ist nicht ein Sehen [...], sondern sie ist eine Einsicht einzig und allein des Verstandes.«[477] Im Gegensatz zu dieser Aussage Descartes vertritt Berkeley aber einen Sensualismus, der »mit den einfachen Leuten *Gewissheit in die Sinne verlegt* (Hervorhebungen, M. H.).«[478] Deshalb spricht er hin und wieder auch von »plain dictates of Nature«[479]. Was aber könnte damit gemeint sein?

Berkeley scheint die Meinung zu vertreten, dass sich ›Natur‹ bereits im Vorgang der sinnlichen Wahrnehmung ›erkenntlich‹ zeigt – allerdings nur, wenn

---

474 Ebd., S. 57.
475 George Berkeley, *Theorie des Sehens verteidigt und erklärt*, § 19.
476 George Berkeley, *Works II*, S. 167.
477 René Descartes, *Meditationen über die Grundlagen der Philosophie*, S. 24.
478 George Berkeley, *Tagebuch*, 740.
479 George Berkeley, *Works II*, S. 172.

sie als eine ungedachte, nicht erst von Vernunft oder Ratio reflexiv ›durchleuchtete‹, aufgefasst wird. Um zu verstehen, was das zu bedeuten hat, lohnt es sich, die Überlegungen Alfred North Whiteheads zum *Begriff der Natur* zu Rate zu ziehen. Laut Whitehead ist Natur, »was wir in der Wahrnehmung durch die Sinne zur Kenntnis nehmen (*Nature ist that which we observe in perception through the senses*). In dieser Sinneswahrnehmung wird uns etwas bewusst, was nicht gedacht und gegenüber dem Denken, dem es vorliegt, eigenständig ist.«[480] Whitehead zufolge enthält »die Sinneswahrnehmung ein Element, das nicht gedanklich ist.«[481] Deshalb sei Natur »in einem gewissen Sinne vom Denken unabhängig.«[482] Diese These lässt sich in ähnlicher Form auch bei Maurice Merleau-Ponty ausmachen. Etwa dann, wenn er schreibt: »Natur ist das Primordiale, das heißt das Nicht-Konstruierte, das Nicht-Gestiftete, daher die Idee einer Ewigkeit der Natur, einer Dauerhaftigkeit.«[483]

Derartige Ansichten würde Berkeley sicherlich nicht für absonderlich halten, weil sie seiner eigenen Meinung doch sehr nahe kommen. In seiner *Theorie des Sehens* verkündet er: »The real objects of sight, we see, and *what we see we know* (Hervorhebungen, M. H.).«[484] Wenn in dieser Passage von einem Wissen (*knowledge*) die Rede ist, so ist zu berücksichtigen, dass hier nicht ein propositionales, sondern ein nicht-propositionales oder auch phänomenales Wissen gemeint sein muss. Ein Wissen – so kann man es mit Gottfried Gabriel sagen –, dessen »Anerkennung argumentativ nicht erzwingbar ist«[485], weil es einer nicht-diskursiven »Einsicht«[486] unterliegt. In Bezug auf Berkeleys Immaterialismus ist allerdings noch zu ergänzen: einer Einsicht, nicht eines verstehenden oder denkenden Wahrnehmens, sondern eines anschauenden. Denn – so lässt es sich erneut mit Whitehead sagen: »Kein Charakteristikum der Natur, das dem Wissen durch das sinnliche Bewußtstein unmittelbar vorgesetzt ist, lässt sich erklären. Es ist für das Denken undurchdringlich (*impenetrable*).«[487] In aller Kürze: »Sense-awareness is something for mind, but nothing for thought.«[488]

---

480 Alfred North Whitehead, *Der Begriff der Natur*, S. 6.
481 Ebd., S. 7.
482 Ebd., S. 6.
483 Maurice Merleau-Ponty, *Die Natur*, S. 20.
484 George Berkeley, *Works I*, S. 258.
485 Gottfried Gabriel, *Literarische Form und nicht-propositionale Erkenntnis in der Philosophie*, in: *Literarische Formen der Philosophie*, S. 17.
486 Ebd.
487 Alfred North Whitehead, *Der Begriff der Natur*, S. 14.
488 Alfred North Whitehead, *The Concept Of Nature*, S. 14.

2 DIE KRITIK AM MODELL DER CAMERA OBSCURA

Darüber scheint sich auch Berkeley völlig im Klaren zu sein. Nicht etwa grundlos schreibt er in seinem *Tagebuch*: »Was auch immer ich selbst sehe, ich kann es unmöglich in Worten ausmalen.«[489] Diese hier schon mehrfach vorgebrachte Passage hat uns bereits zu der These geführt, dass Berkeley aus Gründen der Unsagbarkeit einen methodisch eigenwilligen Weg einschlägt: Unter Zuhilfenahme einer *anzeigenden* Metaphorik versucht Berkeley seine Leserschaft zu einer *Einstellung* ›hinzuführen‹, die unsere gesamte Sichtweise von der Welt betrifft.

Diesbezüglich bemerkt Gottfried Gabriel: »Obwohl Berkeley bemüht ist, durch *Vernunftgründe zu überzeugen* und *die strengsten Gesetze des Schließens peinlich zu beachten*, scheint er sich bewusst geworden zu sein, dass es nicht der *Zwang der Logik* allein ist, der die Annahme seines Immaterialismus bewirken kann. Immerhin mutet er seinen Lesern zu, die Welt ganz anders zu sehen«[490] – anders in genau dem Sinne, wie es ein nicht von Theorien geprägtes, sondern sensualistisches Verhältnis zur Welt sein will. Berkeley geht nämlich prinzipiell von einer »Unfehlbarkeit unserer Wahrnehmung«[491] aus. Für seinen Sensualismus ist das folgende, von Hans Blumenberg aufgestellte, Kriterium zutreffend: »Der Mensch irrt nicht dort, wo er sich immer am meisten mißtraut hatte: In der Sinnlichkeit, sondern im Darüber-hinaus-Wollen.«[492] Diese durchaus treffende Einschätzung ist fortan nicht nur zu präzisieren, sondern auch zu erweitern.

Am Ende der *Drei Dialoge* gibt uns Berkeley entscheidende Hinweise für jenes Weltverhalten, zu dem sein Immaterialismus hin zu verhelfen versucht: »I have been a long time distrusting my senses; methought I saw things by a dim light and through false glasses. *Now the glasses are removed* and *a new light breaks in upon my understanding*. I am clearly convinced that *I see things in their native forms* (Hervorhebungen, M.H.).«[493] Neben der für den Immaterialismus spezifischen Lichtmetaphorik, die im ersten Teil dieser Arbeit ausführlich besprochen wurde, bemüht Berkeley hier die Metapher der Brille. Er ist der Meinung, dass »die Dinge in der ihnen ursprünglichen eigenen Gestalt« erst dann gesehen werden können; wenn die in dieser Passage als »trügerisch« (*false*) gekennzeichnete »Brille« (*glasses*) abgenommen wird. Eine solche Brille steht im Immaterialismus als ein Sinnbild für jene theoretischen Konstruktionen des Materialismus' in denen

---

489 George Berkeley, *Tagebuch*, 696.
490 Gottfried Gabriel, *Literarische Form und nicht-propositionale Erkenntnis in der Philosophie*, in: *Literarische Formen der Philosophie*, S. 19.
491 Katia Saporiti, *Weshalb die Welt so ist, wie wir sie sehen*, S. 266.
492 Hans Blumenberg, *Die Lesbarkeit der Welt*, S. 153.
493 George Berkeley, *Works II*, S. 262.

eine unbekannte – der Wahrnehmung unzugängliche – materielle Substanz postuliert wird. Außerdem kann sie aber auch als eine Metapher gelesen werden, mit der sich im Immaterialismus auf sämtliche Konzeptionen und Theorien bezogen wird, die auf Abstraktionen oder metaphysischen Voraussetzungen basieren, die sich mit Berkeleys Sensualismus nicht in Übereinstimmung bringen lassen.

Die Legitimation für eine solch weite Auslegung der Brillen-Metapher erhält man nicht nur durch vielerlei Hinweise in Berkeleys offiziellen Schriften sondern auch durch Einträge im *Tagebuch* wie etwa diesen: »To be eternally banishing Metaphisics and recalling Men to Common Sense.«[494] Was sich Berkeley hier in ganz aufklärerischer Manier als ein Vorsatz setzt, steht in ›Resonanz‹ zu dem von ihm vor allem im Frühwerk vorgetragenem Anti-Abstraktionismus: »Was für die Verwicklung und Verworrenheit im wissenschaftlichen Denken hauptsächlich verantwortlich zu sein scheint [...] ist die Auffassung, dass der Geist (*mind*) die Fähigkeit besitzt, abstrakte Ideen (*abstract ideas*) zu bilden. Jeder, dem die Schriften und Kontroversen der Philosophen nicht völlig fremd sind, muß zugeben, daß es darin zu einem nicht geringen Teil um abstrakte Ideen geht. Man nimmt an, daß diese Vorzugsweise den Gegenstand derjenigen Wissenschaften bilden, die als Logik und Metaphysik firmieren, und überhaupt all jene Disziplinen, die für die abstraktesten und sublimsten gelten.«[495] Mit Bezugnahme auf Berkeleys Brillen-Metaphorik lässt sich daraus Schlussfolgern: Ein Verzicht auf Abstraktionen und Metaphysik kommt der Abnahme jener Brille gleich, die, aufgrund ihrer »trügerischen Gläser«, eine ungetrübte Sicht verwehrt.

Es ist Ludwig Wittgenstein der diesen Gedanken Berkeleys scheinbar nicht nur aufgreift, sondern auch erweitert. In seinen *Philosophischen Untersuchungen* schreibt er: »Die Idee sitzt gleichsam als Brille auf unsrer Nase, und was wir ansehen, sehen wir durch sie. Wir kommen gar nicht auf den Gedanken, sie abzunehmen.«[496] Mit Hilfe dieser metaphorischen Äußerung Wittgensteins lässt sich noch deutlicher machen, worauf auch Berkeleys Brillen-Metaphorik zielt: Der Immaterialismus soll dazu verhelfen, die unsere ›Sicht von der Welt‹ beeinflussenden Brillen abzunehmen, weil sie nicht zu einem schärferen oder klareren ›Sehfeld‹ beitragen.

Ganz im Gegenteil scheint ihre Wirkung vielmehr eine ›verklärende‹ zu sein, weil sie, im Sinne der Metaphorik, einer Idee oder einer abstrakten Konzeption entspricht, die in transzendentaler Weise Einfluss auf unser ›Bild

---

494 George Berkeley, *Tagebuch*, 751.
495 George Berkeley, *Prinzipien der menschlichen Erkenntnis*, Einführung § 6.
496 Ludwig Wittgenstein, *Philosophische Untersuchungen*, 103.

von der Welt‹ haben kann. Kurzum: Sowohl bei Wittgenstein als auch schon bei Berkeley ist die Brille eine pejorative Metapher für all jene in der Philosophie kursierenden Behauptungen in denen eine theoretische Konstruktion mit Realität gleichgesetzt oder gar verwechselt wird.

Um zu verdeutlichen, was das meint, hilft es ein konkretes Beispiel einzusetzen: Wenn etwa die Vertreter der Camera obscura behaupten, dass uns im Vorgang der Wahrnehmung mentale Darstellungen von materiellen Gegenständen zugesendet werden, dann könnte man dem sofort entgegenhalten, dass es hierfür keinerlei Belege in der Erfahrung gibt. Keiner von uns hat wohl je derartige Darstellungen in einem drogenfreien Zustand zu Gesicht bekommen, von denen die Theoretiker der Camera aber behaupten, dass sie uns »tatsächlich«[497] in der Wahrnehmung zugeführt werden. Wenn diese also darauf beharren, dass uns die Dinge »wirklich«[498] Informationen zusenden, dann kann es sich nicht um eine Tatsache, sondern nur um eine Abstraktion von der Erfahrungswirklichkeit handeln, die für Berkeley einer Verklärung der Wirklichkeit gleichkommen muss, weil hier etwas behauptet wird, was sich mit dem sinnlichen Auge nicht beobachten lässt. In Bezug auf die Brillen-Metaphorik bedeutet das: Es wird hier durch die vom Modell der Camera obscura eingefärbten Gläser auf ›die Welt geblickt‹. Das wiederum macht es unmöglich, die Dinge »in der ihnen ursprünglich eigenen Form zu sehen«[499]. Der ›Blick‹ durch die vom Modell der Camera »getrübten Gläser« wird mit Wirklichkeit gleichgesetzt: Konstruktion und Realität gehen durcheinander, weil – so würde es Wittgenstein sagen – die auf der Nase sitzende Brille nicht abgenommen wird.

Bevor im letzten Kapitel dieser Arbeit erneut auf dieses Problem einzugehen sein wird, genügt es an dieser Stelle, das folgende Zwischenergebnis festzuhalten: Die im Fokus des Immaterialismus stehende Einstellung soll angeblich die Bedingung der Möglichkeit dafür sein, um »Abstraktionen«[500] und »Verwirrungen«[501] jedweder Art überwinden zu können. Sie entspricht einem sensualistischen, vor-theoretischen – nicht von »trügerischen Gläsern« eingefärbten – Verhältnis zur Welt, mit dem man spekulativen Philosophien gut gerüstet entgegentreten könne: »Since this revolt from metaphysical notions, to the plain dictates of nature and common sense, I find my understanding

---

497 René Descartes, *Von den Sinnen im Allgemeinen*, in: *Descartes Dioptrik*, S. 88.
498 John Locke, *Versuch über den menschlichen Verstand*, 2. Buch, IX. Kapitel, 4. Absatz.
499 George Berkeley, *Drei Dialoge*, S. 129.
500 George Berkeley, *Prinzipien der menschlichen Erkenntnis*, Einführung § 6.
501 George Berkeley, *Drei Dialoge*, S. 6.

strangely enlightened, so that I can now easily comprehend a great many things which before were all mystery and riddle.«[502]

In diesem Zusammenhang haben Christiane Schildknecht[503] und Gottfried Gabriel[504] darauf hingewiesen, dass Berkeley ein therapeutisches Philosophieverständnis hegt, dessen Ziel es ist, zu einer »natürlichen Weltauffassung zu führen«[505]. Kennzeichnend für eine solche Auffassung ist im Falle des Immaterialismus ein geradezu unerschütterliches Vertrauen in die sinnliche Wahrnehmung. Denn: Nicht die Sinne vermögen uns zu täuschen, sondern die Schlussfolgerungen, die wir aus unseren Wahrnehmungen zu ziehen bereit sind.[506] Für etwaige Irrungen und Wirrungen kann unseren Sinnen kein Vorwurf gemacht werden. In besonders deutlicher Form lässt sich das der Einführung in die *Prinzipien der menschlichen Erkenntnis* entnehmen: »Yet so it is, we see the illiterate bulk of mankind, that walk the highroad of plain common sense, and *are governed by the dictates of nature*, for the most part easy and undisturbed. To them nothing that is familiar appears unaccountable or difficult to comprehend. They complain not of any want of evidence in their senses [...]

But no sooner do we depart from sense and instinct to follow the light of a superior principle – to reason, meditate and reflect on the nature of things, but a thousand scruples spring up in our minds concerning those things which before we seemed fully to comprehend. Prejudices and errors of sense do from all parts discover themselves to or view; and, endeavouring to correct these by reason, we are insensibly drawn into uncouth paradoxes, difficulties, and inconsistencies, which multiply and grow upon us as we advance in speculation (Hervorhebungen, M. H.).«[507] Ist man dazu bereit, davon abzusehen, dass Berkeley in dieser Passage ein ideales Bild entwirft – nämlich das des ›einfachen Mannes‹, bei dem sich unweigerlich die Frage aufdrängt, ob ein angeblicher »illiterate bulk of mankind« dem jemals gerecht werden würde –, dann kann hier trotzdem jenes unbeirrbare Vertrauen in die sinnliche Wahrnehmung ausgemacht werden, die uns laut Berkeley in der für sie eigenen und spezifischen Art und Weise zu ›überzeugen‹ vermag: »What we see we know.«[508] Oder – um es

---

502 George Berkeley, *Works II*, S. 172.
503 Christiane Schildknecht, *Reisen*, in: *Wörterbuch der philosophischen Metaphern*, S. 313.
504 Gottfried Gabriel, *Literarische Form und nicht-propositionale Erkenntnis in der Philosophie*, in: *Literarische Formen der Philosophie*, S. 20.
505 Ebd.
506 George Berkeley, *Drei Dialoge*, S. 97.
507 George Berkeley, *Works II*, S. 25.
508 George Berkeley, *Works I*, S. 258.

erneut mit Whitehead zu sagen: »Sense-awareness is something for mind, but nothing for thought.«[509]

Damit unterscheidet sich der Immaterialismus zwangsläufig von herkömmlichen Theorien in akademischen Kontexten. Die von Berkeley fokussierte ›Hinführung‹ zu einer sensualistischen Einstellung ›sprengt‹ den auf Verifizierbarkeit oder Falsifizierbarkeit angelegten Theorie-Begriff. Berkeley ist das bereits selbst aufgefallen. Konsequenterweise schreibt er in den *Drei Dialogen*: »I do not pretend to frame any hypothesis at all.«[510] Das mag Gottfried Gabriel zu der auch hier geteilten These geführt haben: »Berkeley beansprucht nur die Entdeckung der Wahrheit zu veranlassen, eine Entdeckung die die Forschenden schließlich selbst vollziehen müssten.«[511] Daraus folgt, dass »an die Stelle der Lehre eine Hinführung zu treten hat«[512].

In diesem Zusammenhang verweist Gabriel außerdem auf die in dieser Arbeit schon mehrfach angedeuteten Parallelen von Wittgenstein und Berkeley. Laut Gabriel ist das, »was Wittgenstein vermitteln will, nicht eine propositionale Erkenntnis, sondern eine Einstellung oder Sichtweise. Im Ansatz finden wir diese Auffassung auch bei Berkeley, wenn er sagt, dass seine Bücher die *Wahrheit* nicht lehren können.«[513] Unglücklicherweise wird das aber zumeist in der Auslegung des Immaterialismus verkannt: Und zwar immer dann, wenn dieser wie eine Theorie oder – so kann man es unter Zuhilfenahme der Überlegungen Gabriels sagen – wie eine »aussagende Argumentation«[514] gelesen wird. Doch damit wird man Berkeley nicht gerecht, weil in einer solchen Leseweise zumeist nicht berücksichtigt wird, dass Berkeleys Formulierungen eher »aufweisenden«[515] oder »hinführenden«[516] Andeutungen (*occasions*) entsprechen. Berkeley ist in einem Punkt exakt beim Wort zu nehmen: »I entreat him (the reader, M. H.) that he would make my words *the occasion* of his own thinking (Hervorhebungen, M.H.).«[517] Deshalb sollte man besser nicht von einer immaterialistischen Theorie reden, sondern von einem

---

509 Alfred North Whitehead, *The Concept Of Nature*, S. 14.
510 George Berkeley, *Works II*, S. 229.
511 Gottfried Gabriel, *Literarische Form und nicht-propositionale Erkenntnis in der Philosophie*, in: *Literarische Formen der Philosophie*, S. 21.
512 Ebd.
513 Ebd.
514 Gottfried Gabriel, *Zwischen Logik und Literatur*, S. 88.
515 Ebd. S. 80.
516 Ebd.
517 George Berkeley, *Works II*, S. 40.

immaterialistischen Programm. Einem Programm – so kann man es erneut mit Gabriel sagen – zur »Einstellungsänderung«[518].

Berkeley selbst pflegt hingegen von einer Veränderung des »Zustandes«[519] (*state*) zu sprechen, die sich mit Hilfe seines immaterialistischen Programms auf Seiten des Lesers einstellen könnte. Im ersten Teil dieser Arbeit – *Licht* – ist diese Zustandsveränderung als eine spezifische Bewusstseinsform charakterisiert wurden: die der Bewusstheit. Für diese Form von Bewusstsein konnte unter Bezugnahme auf die Überlegungen Gernot Böhmes festgehalten werden, dass es sich um eine prä-reflexive Form handelt. Das Besondere dieser Bewusstseinsform beschreibt Böhme in der folgenden Weise: Bewusstheit »schenkt einem gewissermaßen die Welt zurück, präsentiert sie in der gleichmütigen Weise, in der alles Seiende sich gibt«[520].

Diese Beschreibung kommt dem im Immaterialismus im Zentrum stehenden »Zustand« (*state*) sehr nahe. Am Ende der *Drei Dialoge* verkündet *Hylas*: »Ich bin überzeugt, die Dinge in der ihnen ursprünglich eigenen Gestalt zu sehen.«[521] Zudem bemerkt Böhme, dass Bewusstheit eine »besondere und sehr befriedigende Wahrnehmungsform«[522] sei, die man im Gegensatz zu den auf Distanz basierenden Formen von Bewusstsein – den reflexiven – als eine Art des »Dabei-Seins«[523] verstehen könne. Das würde Berkeley ganz sicher bestätigen. Er schreibt: »So liegt für mich in dieser *Rückkehr zu den schlichten Anweisungen der Natur* (*plain dictates of nature*) nach all den Streifzügen durch die wilden Irrgärten der Philosophie *nichts Unangenehmes. Es ist wie die Heimkehr* von einer langen Reise. Mit Behagen erinnert man sich der vielen Widrigkeiten und Wirrungen, die einem zugestoßen sind, *und erfreut sich fortan eines Lebens in heiterer Zufriedenheit* (Hervorhebungen, M.H.).«[524]

2.6 Wahr ist, was sich wahr-nehmen lässt

Laut Jonathan Crary erzwinge das Modell der Camera obscura »eine Form des Rückzugs aus der Welt«[525]. Um nämlich »eine geordnete Projektion der Welt,

---

518 Gottfried Gabriel, *Literarische Form und nicht-propositionale Erkenntnis in der Philosophie*, in: *Literarische Formen der Philosophie*, S. 22.
519 George Berkeley, *Drei Dialoge*, S. 129.
520 Ebd., S. 145.
521 George Berkeley, *Drei Dialoge*, S. 129.
522 Gernot Böhme, *Bewusstseinsformen*, S. 145.
523 Ebd., S. 143.
524 George Berkeley, *Drei Dialoge*, S. 7.
525 Jonathan Crary, *Techniken des Betrachters*, S. 49.

der ausgedehnten Materie, der geistigen Untersuchung zugänglich«[526] zu machen, bedarf es spezifischer Distanzschaffungsmaßnahmen, die im Modell der Camera auf zweifache Weise erfüllt werden: Einerseits besteht eine klare räumliche Trennung zwischen Subjekt und Welt. Der in der Camera sitzende Betrachter sitzt isoliert von der außerhalb der Camera befindlichen Welt in einem »leeren Interieur«[527]. Doch das allein wäre nicht genug. Im Innenraum der technischen Apparatur sind weitere Maßnahme ergriffen, um das beobachtende Subjekt auch dort als ein autonomes auffassen zu können: Der Betrachter ist zudem von der technischen Funktionsweise der Camera obscura getrennt. Er ist »eine marginale, ergänzende Präsenz, unabhängig von der Apparatur der Repräsentation«[528].

Erst mit Bezug auf diese modellbasierten Implikation wird ersichtlich, warum bereits der Vater des Paradigmas der Camera – René Descartes – das philosophische Ich als einen ›ent-individualisierten Zeugen‹ begreift, der in Form eines immateriellen ›Auges‹ losgelöst ist von seinem eigenen Körper – dem materiellen Wahrnehmungsapparat: Das Modell der Camera ermöglicht ein vollständiges *Distanziert-Sein* des Beobachters gegenüber dem nicht nur der außerhalb der Camera Befindlichen sondern auch gegenüber dem auf der Projektionsfläche Dargestellten. Paul Ricœur ist deshalb der Meinung, dass hier eine »Weltsicht« vorherrsche, »wo jegliche Objektivität wie ein Schauspiel« vor dem souveränen Blick des *Cogito* vorgeführt werde.[529] Diese Ansicht teilt auch Crary: »Die Camera obscura hindert den Betrachtenden *a priori* daran, seine eigene Position als Teil der Darstellung zu betrachten.«[530] Der Beobachter ist ein vom Projektionsmechanismus der Apparatur unabhängiger.

Wer das Modell der Camera überzeugend findet, erhält also auf dessen Basis die Legitimation dafür, sich als ein ent-individualisertes Neutrum auffassen zu dürfen. Sie oder er kann alles ›über Bord‹ werfen, was sie oder ihn noch an die Vorstellung eines empirisch einzigartigen Ichs bindet – im ›innersten Kern‹ ist sie oder er ein Es, das in der Art eines ›Auges‹ auf eine ›zerfreie und entstilisierte Welt‹ zu blicken vermag.

Das führt uns direkt zu einem weiteren Einwand gegen die Behauptung Jonathan Crarys, dass auch Berkeley ein Camera obscura-Theoretiker sei. Wie in den vorhergehenden Ausführungen bereits schon mehrfach angedeutet, impliziert das Modell der Camera einen Dualismus von *innen* und *außen*:

---

526 Ebd., S. 56.
527 Ebd., S. 53.
528 Ebd., S. 51.
529 Paul Ricœur, *Der Konflikt der Interpretationen*, S. 84.
530 Jonathan Crary, *Techniken des Betrachters*, S. 51.

Das im Inneren der Camera befindliche Subjekt ist von einer äußeren Welt getrennt. Im Modell der Camera wird laut Crary das Bild eines »asketisches Wahrnehmungssubjekt« gezeichnet, das »abgeschnitten von der Öffentlichkeit, der Außenwelt, in einem quasi-domestischen Raum steht«[531]. Keine Analyse könnte wohl treffender als diese ausfallen. Doch zugleich ist auch keine verfehlter in punkto der Vorstellungen Berkeleys bezüglich eines wahrnehmenden Menschen. Denn: Das Wahrnehmungssubjekt wird im Immaterialismus als *ein Teil der Welt* gedacht. Allem Anschein nach geht Berkeley von einer Wechselbeziehung und Gegenseitigkeit von Subjekt und Welt aus. Das heißt: Welt- und Ich-Pol befinden sich nicht mehr wie noch im Modell der Camera einander gegenübergestellt, sondern sind eine ›unauflöslich miteinander verschränkte Einheit‹. Lapidar formuliert steht das von Berkeley konzipierte Wahrnehmungssubjekt sowohl *innen* als auch *außen* oder – so kann man es auch sagen – weder *innen* noch *außen*, weil es immer schon ›unablöslich mit der Welt verbunden‹ ist: Welt und Ich bilden ein gemeinsames ›Möbiusband‹. Mit Hilfe dieser Metapher lässt es sich nachvollziehbarer machen, was den Immaterialismus von einer eher statischen Konzeption, wie dem Modell der Camera obscura, unterscheidet: Ich und Welt sind im Immaterialismus nicht mehr als räumlich voneinander getrennte Gegenpole zu denken, sondern als untrennbare Synthese.

Damit geht unweigerlich einher, dass zu dem vom Modell der Camera obscura vorgezeichneten Bild des Wahrnehmungssubjektes ein Dissens besteht: Im Gegensatz zu den Ideen Berkeleys ist der in der Camera sitzende Betrachter ein *von der Welt losgelöster*. Er genießt den Vorteil, die Dinge der Welt auf Distanz halten zu können: Wenn er in die Welt schaut, dann betrachtet er diese stets über Bilder vermittelt auf seiner inneren – ›privaten‹ – Leinwand. Allerdings ist das von philosophisch Ungeübten zumeist nicht auszumachen. Das entspricht zumindest der Meinung des Camera obscura-Theoretiker par excellence: René Descartes. Er behauptet, dass wir als Wahrnehmende einer unerkannten Illusion unterliegen: Wir meinen zwar, direkt in die Welt zu schauen, doch dabei haben wir unsere ›eigentliche Situation‹ vergessen, die vielmehr der des Beobachters in der Camera entsprechen würde. In Wahrheit betrachten wir also nicht etwa materielle Dinge, wenn wir in die Welt blicken, sondern Bilder von den Dingen der Welt. Diese in unserem *Inneren* erscheinenden Bilder werden kausal durch *äußere* Gegenstände verursacht, stimmen aber mit ihren Verursachern nicht vollständig überein: »Die Gegenstände, die wir wahrnehmen, *senden tatsächlich ihre Bilder ins Gehirn*. Dabei müssen wir aber bedenken, daß es kein Bild gibt, das dem Gegenstand völlig

---

531 Ebd., S. 49.

gleicht, den es darstellt. *Sonst würde es keinen Unterschied mehr zwischen dem Gegenstand und seinem Bild geben* (Hervorhebungen, M.H.).«[532] Für Descartes existiert also ein fundamentaler Unterschied zwischen den *äußeren* Objekten der Welt und deren *inneren* Darstellungen. Dieser repräsentationalistische Gedanke führt unausweichlich zu einem Außenwelt-Skeptizismus. Denn: Wie sollte sich überprüfen lassen, ob die im *Inneren* erscheinenden Darstellungen mit ihrer *äußeren* Ursache übereinstimmen, wenn uns keinerlei Möglichkeit dazu gegeben ist, die Camera zu verlassen? Deshalb seien unsere Wahrnehmungen grundsätzlich in Frage zu stellen: »Denn obgleich gemeinhin ein jeder wähnt, daß die Ideen, die wir in unserem Denken besitzen, ganz und gar den Gegenständen entsprechen, von denen sie herrühren, sehe ich gleichwohl keinen Grund, der uns dessen wirklich versicherte; sondern ich stelle im Gegenteil verschiedene Erfahrungen fest, *die uns daran zweifeln lassen müssen* (Hervorhebungen, M.H.).«[533]

Das Denken im Sinne des Modells der Camera bekommt hier regelrecht existenzielle Züge: Wie schon in Platos Höhle sind wir auch in der Camera ›festgekettet‹. Doch im Gegensatz zu den antiken Höhlenwelten gibt es fortan keinen Ausgang mehr für entfesselte Privilegierte: Ein jeder von uns sitzt isoliert in seiner privaten Camera fest – ganz egal was er oder sie auch dagegen zu tun versucht.

Mit Berkeleys Denken lassen sich derartige Gedankengänge nicht vereinbaren. Im Vorwort seiner *Drei Dialoge* schreibt Berkeley: »Nach den gängigen Grundahnahmen der Philosophen verbürgt die Wahrnehmung von den Dingen nicht deren Dasein. Und man lehrt uns, die reale Natur der Dinge von derjenigen zu unterscheiden, die unseren Sinnen zugänglich ist. Daraus erwachsen Skeptizismus und Paradoxa. Es genügt nicht, daß wir ein Ding sehen und tasten, schmecken und riechen. Seine wahre Natur, sein absolutes, außer uns existierendes Sein bleibt stets verborgen. *Denn obwohl dieses nur eine Fiktion unseres eigenen Gehirns ist*, haben wir es zu etwas gemacht, das alle unsere Fähigkeiten übersteigt (Hervorhebungen, M.H.).«[534] Dieser Passage lässt sich entnehmen, dass sich Berkeley darüber im Klaren zu sein scheint, welche Probleme der Außenweltskeptizismus der Camera obscura-Theoretiker mit sich führt. Noch viel deutlicher lässt sich das auch an einer anderen Stelle in den *Drei Dialogen* ausmachen: »Du bist der Ansicht, daß die Ideen, die wir mit unseren Sinnen wahrnehmen, nicht wirkliche Dinge sind, sondern Ab- oder Nachbildungen derselben. Unser Wissen ist daher nur

---

532 René Descartes, *Von den Sinnen im Allgemeinen*, in: Descartes Dioptrik, S. 88.
533 René Descartes, *Die Welt oder Abhandlung über das Licht*, Kapitel I, S. 9.
534 George Berkeley, *Drei Dialoge*, S. 2.

insoweit real, als unsere Ideen jene Urbilder unentstellt wiedergeben. Da aber diese angenommenen Urbilder an sich selbst unbekannt sind, ist es unmöglich zu wissen, wie weit unsere Ideen ihnen gleichen, ja, ob sie ihnen überhaupt gleichen. Wir können deshalb nicht sicher sein, daß wir irgendwelches reales Wissen besitzen [...] Das Ergebnis von alldem ist, daß wir in schlechthin hoffnungslosen und verzweifelten *Skeptizismus* versinken.«[535] Passagen wie etwa diese lassen drauf schließen, dass Berkeley einen Außenweltskeptizismus ablehnt. Laut eigener Aussage sei er »mehr für die Realität als irgendwelche anderen Philosophen«[536]. Diese »hegen tausend Zweifel und wissen nur sicher, dass wir getäuscht werden können«[537].

Berkeley benennt den Grund für jene von ihm angesprochene Zweifelsucht in einem Eintrag des *Tagebuchs*: Es wird davon ausgegangen, dass der Verstand »etwas aufnähme«, dass er etwas »von außen empfange«, was aber »niemals sein könnte«.[538] In dieser Notation bezieht sich Berkeley in indirekter Weise auf die Meinung der Befürworter des Modells der Camera obscura. Diese behaupten nämlich, dass uns sinnliche verwertbare Informationen von den Gegenständen im Vorgang der Wahrnehmung medial zugeführt werden. Die Wahrnehmung wird im Sinne des Modells der Camera als ein kausaler Vorgang konzipiert, indem ein ›hier‹ anwesendes Subjekt ›Daten‹ in Form von Bildern von einem ›dort‹ befindlichen Objekt zugeleitet bekommt. Wenn wir also etwa eine Kirsche zu sehen vermeinen, dann müssten wir – insofern wir das Modell der Camera überzeugend finden – genau genommen sagen, dass wir nicht eine Kirsche, sondern das Bild von einer Kirsche betrachten. Den Verursacher dieses Bildes bekommen wir dabei niemals zu Gesicht. Damit müssen wir uns abfinden: Das von den Vertretern des Modells der Camera postulierte ›Ding an sich‹ ist unwahrnehmbar. Allerdings sei es laut Descartes sehr wahrscheinlich, »daß die Bilder den Gegenständen in wenigen Dingen gleichen«[539]. Eine völlige Übereinstimmung ist aber ausgeschlossen. Descartes ist der Meinung, dass es »kein Bild gibt, das dem Gegenstand völlig gleicht, den es darstellt«[540]. Aus dem folgenden Grund: »Es würde sonst keine Unterschiede mehr zwischen dem Gegenstand und seinem Bild geben.«[541] Descartes scheint also keinerlei Bedenken bezüglich der von ihm bereitwillig gezogenen Konsequenzen zu haben: ›Hinter‹ unseren Wahrnehmungen verbirgt sich eine ›zweite Welt‹, von

---

535 Ebd., S. 107 ff.
536 George Berkeley, *Tagebuch*, 517a.
537 Ebd.
538 George Berkeley, *Tagebuch*, 656.
539 René Descartes, *Von den Sinnen im Allgemeinen*, in: *Descartes Dioptrik*, S. 88.
540 Ebd.
541 Ebd.

der aus uns Bilder zugeschickt werden, die wir in passiver Form empfangen. Die darauf unvermeidliche Frage kann aus Berkeleys Ausführungen geschlussfolgert werden: Woher weiß man das? In der Wahrnehmung können dafür keinerlei Indizien gefunden werden: »Ich kann nicht einsehen, wie durch das Zeugnis der Sinne die Existenz von etwas unter Beweis gestellt werden soll, das nicht sinnlich wahrgenommen wird.«[542]

In den *Drei Dialogen* schreibt Berkeley zudem: »What you call the empty forms and outside of things seem to me the very things themselves [...] In short, you do not trust your senses, I do.«[543] Die im Gegensatz zu einem Denken nach dem Musterbild der Camera gezogene Konsequenz lautet demnach: »Schwört auf die Evidenz der Sinne«[544] – das für Berkeley ultimative Kriterium zur Wahrheitsprüfung philosophischer Meinungen und Behauptungen. Eine Beschreibung unserer Situation als wahrnehmende Wesen könnte demnach nicht verfehlter sein als im Sinne des Modells Camera zu behaupten, dass wir nur über Darstellungen vermittelt auf die Welt zu schauen vermögen. Dem hält Berkeley entgegen: »Ist es nicht das Klügste, deinen Sinnen zu trauen und, indem du alle Grübeleien über unbekannte Wesenheiten und Substanzen auf sich beruhen läßt, mit dem Volk diejenigen Dinge als wirklich gelten zu lassen, die durch die Sinne wahrgenommen werden?«[545] Berkeley zufolge sollte sich ein aufgeklärter Philosoph nicht auf Spekulationen über seine Wahrnehmungen hinaus einlassen: »I give it you on my word, since this revolt from metaphysical notions, to the plain dictates of nature and common sense, I find my understanding strangely enlightened, so that I can now easily comprehend a great many things which before were all mystery and riddle.«[546]

Erneut ist an dieser Stelle auf jene hier schon mehrfach thematisierte nichtpropositionale Einstellung zu sprechen zu kommen, deren ›Vermittlung‹ im Fokus des Immaterialismus steht. Wie wir im vorhergehenden Kapitel festhalten konnten, entspricht der Immaterialismus weniger einer Theorie im eigentlichen Sinne des Wortes als vielmehr einem Programm zur Veränderung des Weltverhaltens. Dieses ist im Immaterialismus dadurch gekennzeichnet, dass die ›Welt‹ in einen direkten Bezug zum Wahrnehmungssubjekt steht. Die von Berkeley präferierte – sensualistische – Einstellung zur Welt entspricht nicht einem aversiven *Distanziert-Sein* sondern einem immersiven *Dabei-Sein*. Das ist fortan zu erläutern.

---

542 George Berkeley, *Prinzipien der menschlichen Erkenntnis*, § 40.
543 George Berkeley, *Works II*, S. 244.
544 George Berkeley, *Prinzipien der menschlichen Erkenntnis*, § 40.
545 George Berkeley, *Drei Dialoge*, S. 108.
546 George Berkeley, *Works II*, S. 172.

In der *Siris* schreibt Berkeley unter Bezugnahme der kryptischen Metaphorik des Eintauchens in einen Fluss: »While we sit still we are never the wiser, but going into the river, and moving up and down, is the way to discover its depths and shallows.«[547] Was es mit der Metapher des Eintauchens auf sich haben könnte, lässt sich in der wohl klarsten Form bei Emanuele Coccia ausmachen. Ohne jeglichen Bezug auf den Immaterialismus Berkeleys schreibt dieser: »Betrachtung setzt Stillstand voraus: Nur wer ein fixe, stabile, feste Welt postuliert, die einem *stillstehenden* Subjekt gegenübersteht, kann von einem Objekt sprechen [...] Für ein eingetauchtes Wesen enthält die Welt – die eingetauchte Welt – dagegen nicht eigentlich *wahre Objekte*. In ihr ist alles fließend, alles existiert in der Bewegung, mit, gegen oder im Subjekt [...] Wenn aber das In-der-Welt-Sein ein Eintauchen ist, dann sind Denken und Handeln, Wirken und Atmen, Bewegen, Schöpfen, Spüren untrennbar, weil ein eingetauchtes Wesen nicht den gleichen Bezug zur Welt hat wie ein Subjekt zu einem Gegenstand, sondern wie eine Qualle zum Meer, das sie erst sein lässt, was sie ist. Zwischen uns und dem Rest der Welt besteht kein materieller Unterschied.«[548]

Dieser Passage können wir nicht nur einen entscheidenden Hinweis dafür entnehmen, was es mit einem immersiven Weltverhalten auf sich hat, sondern zudem auch eine indirekte Andeutung dafür finden, dass sich ein eingetauchtes oder immersives Verhältnis zur Welt zwangsläufig von dem im Modell der Camera stilisierten unterscheiden muss. Aus folgendem Grund: Im Modell der Camera wird ein souveränes Subjekt einer festen und für sich bestehenden Welt gegenübergestellt. Laut Crary wird von den Vertretern der Camera obscura das Bild eines »asketisches Wahrnehmungssubjekt« gezeichnet, das »abgeschnitten von der Öffentlichkeit, der Außenwelt, in einem quasi-domestischen Raum steht.«[549]

Unter derlei Voraussetzungen ergibt sich eine zu der im Zitat von Coccia ähnliche Situation. Coccia schreibt: »Betrachtung setzt Stillstand voraus: Nur wer ein fixe, stabile, feste Welt postuliert, die einem *stillstehenden* Subjekt gegenübersteht, kann von einem Objekt sprechen.« Und genau das wird durch das Modell der Camera begünstigt. Wie wir bereits festhalten konnten, geht es im Modell der Camera darum, »eine geordnete Projektion der Welt, der ausgedehnten Materie, der geistigen Untersuchung zugänglich zu machen.«[550] Es herrschen klare Verhältnisse: Im Inneren der Camera befindet sich ein ent-individualisertes Subjekt in Form eines ›Auges‹, dass keinen direkten Kontakt

---

547 George Berkeley, *Works V*, S. 164.
548 Emanuele Coccia, *Die Wurzeln der Welt*, S. 48 ff.
549 Jonathan Crary, *Techniken des Betrachters*, S. 49.
550 Ebd., S. 56.

2 DIE KRITIK AM MODELL DER CAMERA OBSCURA

mehr zu der außerhalb der Camera befindlichen – materiellen – Welt hat, weil es diese nur über Darstellungen vermittelt betrachten kann. Um diese aber überhaupt ›beschauen‹ zu können, bedarf es unter Bezugnahme der Überlegungen Coccias einer Form von »Stillstand«: Das ›innere Auge‹ entspricht einem stillstehenden Punkt – einem *punctum stans*. Es ist – so formuliert es Richard Rorty ironisch – ein »nicht zwinkerndes inneres Auge«[551]. Weil nämlich das Begucken der Leinwandwelt von vornherein eine Art Stillstand voraussetzt, kann sich dieses ›innere Auge‹ nicht auch in der Bewegung befinden. Man denke hier nur an eine Kinovorführung: Würde man auf die Idee kommen, im Kino die bequeme Sitzposition zu verlassen, um permanent hin- und herzulaufen, dann könnte man nur schwer dem auf der Leinwand Projizierten folgen. Das ist auch im Modell der Camera obscura der Fall: Auch wenn das auf der Leinwand Dargestellte nicht der Perspektive des Subjektes unterliegt, bedarf es doch eines punktuellen und temporär stillstehenden Subjektes, um die am Schauplatz auftauchenden Darstellungen überhaupt erkennen zu können. Erst diese Form von Stillstand gibt den Anlass dazu, von einer objektiven Welt sprechen zu können, die einem Subjekt in Form von Darstellungen gegenübersteht. Laut Crary passt die Camera zu dem Versuch, »das menschliche Wissen auf eine rein objektive Betrachtung der Welt zu gründen.«[552]

Kurzum: Die im Modell der Camera vorgezeichnete Situation ist eine höchst künstliche. Es herrschen laborähnliche Bedingungen. Wir sitzen in der Art von »nicht zwinkernden Augen«[553] völlig »abgeschnitten von der Öffentlichkeit, der Außenwelt, in einem quasi-domestischen Raum«[554]. Unser Weltverhalten entspricht einem vollständigen *Distanziert-Sein*.

Im Gegensatz dazu enthält die Welt für ein »eingetauchtes Wesen«[555] nach Emanuele Coccia »nicht eigentlich *wahre Objekte*. In ihr ist alles fließend, alles existiert in der Bewegung, mit, gegen oder im Subjekt.«[556] Mit Berkeleys Denken lässt sich diese Annahme Coccias bestätigen: Sensible things are »ever fleeting and changing, [...] *that is, in a perpetual flux, without anything stable or permanent in them to constitute an object of real science* (Hervorhebungen, M. H.)«[557]. Dieser Stelle aus Berkeleys *Siris* kann entnommen werden, dass wir uns die Welt oder die Natur nicht als einen von uns abgetrennten Gegenpol vorzustellen haben, der sich wie eine objektive Leinwandwelt begucken

---

551 Richard Rorty, *Der Spiegel der Natur*, S. 162.
552 Jonathan Crary, *Techniken des Betrachters*, S. 57.
553 Richard Rorty, *Der Spiegel der Natur*, S. 162.
554 Jonathan Crary, *Techniken des Betrachters*, S. 49.
555 Emanuele Coccia, *Die Wurzeln der Welt*, S. 48.
556 Ebd.
557 George Berkeley, *Works V*, S. 141.

und erkennen lässt. Denn: ›Eingetauchte Subjekte‹ finden sich nicht in laborähnlichen Situationen wieder, in denen Untersuchungsgegenstände losgelöst vom Untersuchenden analysiert werden könnten. Oder – um es unter erneuter Bezugnahme auf die Überlegungen Alfred North Whitehead präziser zu sagen: »It is nature as an event *present for sense-awareness*, and essentially passing. *There is no holding nature still and looking at it* (Hervorhebungen, M. H.).«[558] Auf genau diesen Sachverhalt weist auch Berkeley hin, wenn er etwa in der *Siris* in metaphorischer Weise schreibt: »While we sit still we are never the wiser, but going into the river, and moving up and down, is the way to discover its depths and shallows.«[559] Im ›Fluss befindliche Subjekte‹ sind in phänomenaler Hinsicht in die Welt ›eingetaucht‹. Für ihr Weltverhalten ist ein *immersiver* Stil charakteristisch.

Daraus lässt sich schlussfolgern: ›Eingetauchte Subjekte‹ existieren nicht »abgeschnitten von der Öffentlichkeit, der Außenwelt, in einem quasi-domestischen Raum«[560], sondern sind immer schon ein *Teil der Welt*. Deshalb schreibt Coccia: »Ein eingetauchtes Wesen hat nicht den gleichen Bezug zur Welt wie ein Subjekt zu einem Gegenstand, sondern wie eine Qualle zum Meer, das sie erst sein lässt, was sie ist.«[561]

Vor diesen Überlegungen tritt die Differenz von Berkeley und den Vertretern des Paradigmas der Camera obscura noch stärker hervor. Wenn nämlich in einem musterbildhaften Denken nach dem Modell der Camera obscura geistige Betrachtungen an einem *inneren* Schauplatz gegenüber sinnlichen Anschauungen bevorzugt werden, dann kann man sagen, dass für dieses Modell ein *Distanziert-Sein* gegenüber der Welt – der *äußeren* Natur – charakteristisch ist. Für den dagegen auf eine »Evidenz der Sinne«[562] vertrauenden Sensualismus Berkeleys lässt sich, im Gegensatz zum Denken nach dem Musterbild der Camera, das Charakteristikum eines immersiven *Dabei-Seins* festhalten, in dem der Dualismus von *innen und außen* aufgehoben ist: Berkeleys immaterialistisches Programm dient der ›Hinführung‹ zu einem immersiven Verhältnis zur Welt. Das ist von Nöten, weil wir – den Überlegungen Berkeleys nach – durch zu viel ›wissenschaftlichen Überbau‹ ein solches Weltverhalten ›aus den Augen verloren haben‹. Unablässig warnt uns Berkeley deshalb vor »barren speculations which make the chief employment of learned men«[563]. Diese verhindern – so lässt sich die aufklärerische Kritik Berkeleys in lapidarer

---

558 Alfred North Whitehead, *The Concept Of Nature*, S. 14.
559 George Berkeley, *Works V*, S. 164.
560 Jonathan Crary, *Techniken des Betrachters*, S. 49.
561 Emanuele Coccia, *Die Wurzeln der Welt*, S. 48 ff.
562 George Berkeley, *Prinzipien der menschlichen Erkenntnis*, § 40.
563 George Berkeley, *Works II*, S. 113.

2 DIE KRITIK AM MODELL DER CAMERA OBSCURA

Form zusammenfassen – die Einnahme einer sensualistischen Einstellung oder eines immersiven Weltverhaltens. Eine seiner Hauptaufgaben sieht Berkeley deshalb in der *Rück-führung* zu genau dieser Einstellung oder diesem Zustand (*state*).

Er schreibt: »So liegt für mich in dieser *Rückkehr zu den schlichten Anweisungen der Natur* (*plain dictates of nature*) nach all den Streifzügen durch die wilden Irrgärten der Philosophie *nichts Unangenehmes*. Es ist wie *die Heimkehr* von einer langen Reise. Mit Behagen erinnert man sich der vielen Widrigkeiten und Wirrungen, die einem zugestoßen sind, *und erfreut sich fortan eines Lebens in heiterer Zufriedenheit* (Hervorhebungen, M.H.).«[564]

Man kann diese Passage aus den *Drei Dialogen* ohne weiteres als eine Orientierung an einem organischen Seinsverstehen auffassen, wie es laut Hans Blumenberg für das Denken in der Antike kennzeichnend sei. Blumenberg ist der Meinung, dass der Mensch im antiken Weltbild als ein »Glied des Kosmos«[565] dargestellt ist. Er ist »nichts darüber oder daneben«[566], sondern ein Teil »des homogenen Naturzusammenhangs«[567]. Wenn Berkeley immer wieder von einer »Rückkehr zu den schlichten Anweisungen der Natur« redet, dann spricht vieles dafür, dass er damit auf eine »Rück-kehr« oder auch »Heimkehr« zu einem antiken – organischen – Weltbild anspielt, indem »Natur und Sein fast gleichbedeutende Begriffe sind«[568].

Eine andere Möglichkeit ist aber auch – und diese ist bei weitem die Interessantere –, dass Berkeley zu einem Weltverhalten ›hinzuführen‹ versucht, indem Natur als ungedacht aufgefasst wird, weil nur die sinnliche Wahrnehmung uns in die Welt oder Natur ›einzulassen‹ vermag. Diese Leseweise des Immaterialismus orientiert sich an den Überlegungen Alfred North Whiteheads zum *Begriff der Natur*. Whitehead schreibt: »Kein Charakteristikum der Natur, das dem Wissen durch das sinnliche Bewußtsein unmittelbar vorgesetzt ist, lässt sich erklären. Es ist für das Denken undurchdringlich (*impenetrable*).«[569] Berkeleys radikaler Sensualismus vermag dieser Ansicht Whiteheads sehr nahe zu kommen. Auch Berkeley könnte wie Whitehead sagen: »Sense-awareness is something for mind, but nothing for thought.«[570]

---

564   George Berkeley, *Drei Dialoge*, S. 7.
565   Hans Blumenberg, *Das Verhältnis von Natur und Technik als philosophisches Problem*, in: *Ästhetische und metaphorologische Schriften*, S. 256.
566   Ebd.
567   Ebd., S. 257.
568   Ebd., S. 255.
569   Alfred North Whitehead, *Der Begriff der Natur*, S. 14.
570   Alfred North Whitehead, *The Concept Of Nature*, S. 14.

Wenn dem so sein sollte, dann würde man Berkeley nicht gerecht werden, seine Rede von einer »Rückkehr zu den einfachen Eingebungen der Natur« (*plain dictates of nature*) als eine nostalgische ›Rückkehr‹ zu einem antiken – kosmologischen – Weltbild zu interpretieren. Nicht grundlos gibt sich Berkeley vor allem im Frühwerk als radikaler Kritiker von metaphysischen Gedanken: »To be eternally banishing Metaphisics & recalling Men to Common Sense.«[571] Daraus lässt sich die Konsequenz ziehen, dass er die alte – unabwendbar im kosmologischen Weltbild der Antike verankerte – Metaphysik nicht wieder aufleben lassen möchte. Das thematisiert Berkeley sogar selbst: »Denke daran, sorgfältig herauszustellen, wie sich so viele der antiken Philosophen in so große Absurditäten verrannt haben [...] Dies entsprang aus ihrer Unkenntnis dessen, was Existenz ist und worin sie besteht. Dies die Quelle von all ihrem Unsinn. Es ist die Enthüllung der Natur, der Bedeutung und Tragweite der Existenz, worauf ich hauptsächlich bestehe [...] Das halte ich für völlig neu. Ich bin sicher, es ist neu für mich.«[572] Berkeley scheint also seinem eigenen Selbstverständnis nach kein Nostalgiker zu sein, der zu einem antiken Weltbild und der daran geknüpften Metaphysik ›zurückkehren‹ möchte. Anstelle dessen kann man sagen, dass Berkeley vielmehr einen Beitrag zur Veränderung der Einstellung leisten will, in der Subjekt und Welt nicht im Verhältnis einer distanzierten Aversion sondern eines immersiven Dabei-Seins stehen. Mehr noch: Berkeley will Abstraktionen gerade dadurch auflösen, indem er sie nicht mit Gegenargumenten zu bekämpfen versucht – »Ich darf nicht mit der Aussicht auf viel Beweis auftreten.«[573] – sondern mit seinem Immaterialismus eine Einstellungsänderung auf Seiten seiner Leserschaft herbeizuführen versucht, der eine therapeutische Wirkung zukommt, weil sich in deren Einnahme abstraktes und metaphysisches Gedankengut aufzulösen vermag. Im Grunde dreht George Berkeley um, was die Theoretiker der Camera obscura behaupten: Er will nicht ein geistiges Auge für die philosophische Reflexionsarbeit gewinnen, sondern zu den sinnlichen Augen ›zurückführen‹.

Dagegen werden im Modell der Camera »die körperlichen und sinnlichen Erfahrungen des Betrachters durch die Beziehung zwischen den mechanischen Apparat und einer gegebenen Welt objektiver Wahrheit verdrängt«[574]. Es gilt, ein geistiges Betrachten einem sinnlichen Sehen vorzuziehen oder auch »das Sehen zu entkörperlichen«[575] – wie Crary schreibt. Die geistigen Betrachtungen

---

571 George Berkeley, *Tagebuch*, 751.
572 Ebd., 491.
573 Ebd., 858.
574 Jonathan Crary, *Techniken des Betrachters*, S. 50.
575 Ebd.

2 DIE KRITIK AM MODELL DER CAMERA OBSCURA   115

an einem ›inneren Schauplatz‹ werden dem sinnlichen Sehen vorgezogen: Evidenz ist nicht von den Sinnen sondern ausschließlich von Ratio und Nous zu erwarten. Wahr ist demnach nicht, was sich wahr-nehmen lässt, sondern was sich der Erkenntnis des ›Auges im Inneren‹ nicht zu entziehen vermag.

Doch im Gegensatz zu einem Denken im Sinne der Camera obscura möchte Berkeley nicht dazu ermuntern, »eine geordnete Projektion der geistigen Untersuchung zugänglich machen«[576], sondern seine Leserschaft dazu auffordern, wieder mit den sinnlichen Augen (*naked eye*) in die Welt zu sehen. Erst dann lassen sich Abstraktionen, Scheinprobleme und Spekulationen auflösen: »Yet so it is, we see the illiterate bulk of mankind, that walk the highroad of plain common sense, and are governed by the dictates of nature, for the most part easy and undisturbed. To them nothing that is familiar appears unaccountable or difficult to comprehend. They complain not of any want of evidence in their senses [...] But no sooner do we depart from sense and instinct to follow the light of a superior principle – to reason, meditate and reflect on the nature of things, but a thousand scruples spring up in our minds concerning those things which before we seemed fully to comprehend. Prejudices and errors of sense do from all parts discover themselves to or view; and, endeavouring to correct these by reason, we are insensibly drawn into uncouth paradoxes, difficulties, and inconsistencies, which multiply and grow upon us as we advance in speculation.«[577]

Das führt zu dem folgenden Ergebnis: Nicht mehr die Evidenz der Ratio erhält im Immaterialismus den alleinigen ›Stempel‹ zur legitimen Aufklärung des Menschen. Für Berkeley ist es vor allem eine »Evidenz der Sinne«[578] die zur Befreiung von Aberglauben und Metaphysik verhilft. Wahr ist für Berkeley, was sich wahr-nehmen lässt. Deshalb schreibt er in seinen *Drei Dialogen*: »It be not the wisest way to follow nature, trust your senses, and, laying aside all anxious thought about unknown natures or substances, admit with the vulgar those for real things which are perceived by the senses?«[579]

2.7   Ein Philosoph hat auf Erklärungen zu verzichten

So gut wie alle Annahmen, die John Locke in seiner Theorie des Bewusstseins formuliert, beziehen sich auf eine Art ›inneren Schauplatz‹, an dem mentale

---
576   Ebd., S. 56.
577   George Berkeley, *Works II*, S. 25.
578   George Berkeley, *Prinzipien der menschlichen Erkenntnis*, § 40.
579   George Berkeley, *Works II*, S. 246.

Entitäten ›auftauchen‹ und ›beobachtet‹ werden können. Als ein Befürworter des Modells der Camera obscura gewinnt Locke seine Thesen durch die Übertragung modellspezifischer Implikationen der Camera auf das Phänomen des Bewusstseins. Das ist insoweit verwunderlich, weil Locke – der gemeinhin als ein Vertreter des Empirismus gilt – explizit behauptet, die Dinge daraufhin prüfen zu wollen,»wie sie wirklich sind«[580]. Das er dem aber nicht gerecht zu werden vermag, scheint bereits George Berkeley aufgefallen zu sein. Auch wenn Berkeley nie direkt auf das von Locke präferierte Bewusstseinsmodell der Camera in seinen Schriften zu sprechen kommt, kann er im Nachhinein als ein Gegner genau dieses Modells als Erklärungsgrundlage für das Phänomen des Bewusstseins angesehen werden. Doch dabei bleibt es nicht: In Berkeleys gesamten Werk lassen sich Stellen ausfindig machen, die als eine grundsätzliche Kritik an einem Philosophieverständnis gelesen werden können, in dem Modell und Methode miteinander verwechselt werden.

Die folgende Notation ist im *Tagebuch* Berkeleys zu finden: »Bewundernswert an Locke, daß er in vorgerücktem Alter überhaupt durch einen Nebel (*mist*) sehen (*see*) konnte, der sich so lange angesammelt hatte und folglich dicht war. Darüber muß man sich mehr wundern, als daß er nicht weiter gesehen hat.«[581] Wie wir im ersten Teil der Arbeit – *Licht* – bereits erfahren haben, benutzt Berkeley die Nebel- und Staub-Metaphorik um auf ein mit Sprache generell verbundenes Problem aufmerksam zu machen: Eine Aussage über ein Phänomen ist nicht deckungsgleich mit der Erfahrung des jeweiligen Phänomens. Nur all zu häufig geht beides unentwirrbar durcheinander. Ist das der Fall, sind wir – um im Bilde zu bleiben – vom ›dichten Nebel der Sprache‹ eingehüllt, die uns eine ›klare Sicht‹ auf das erfahrene Phänomen verwehrt.

Mit Hilfe der Nebelmetaphorik versucht Berkeley also auf ein Problem aufmerksam zu machen, das philosophischer Natur ist: Durch Sprache verursachte ›Verwirrungseffekte‹ werden nicht immer bemerkt. So auch im spezifischen Fall des Phänomens des Bewusstseins: Soll dieses zum Untersuchungsgegenstand gemacht werden, dann lässt es sich mit Worten leicht ›vernebeln‹. Berkeley ist sich darüber im Klaren, dass eine Vielzahl an Behauptungen, die über das Phänomen des Bewusstseins (*mind*) in der Philosophie vorgetragen werden, keinerlei Basis in der Erfahrung haben können – aufgrund des Sachverhaltes, dass diese zumeist erst durch ein metaphorisches Vokabular zustande gekommen sind. Im *Tagebuch* notiert er sich: »Sprache, mehr als wir uns einbilden, metaphorisch. Nicht-sinnlich

---

580 John Locke, *Versuch über den menschlichen Verstand*, 2. Buch, XI. Kapitel, 15. Absatz.
581 George Berkeley, *Tagebuch*, 567.

2 DIE KRITIK AM MODELL DER CAMERA OBSCURA

wahrnehmbare Dinge und ihre Zustandsbestimmungen, Umstände usw. werden zum größten Teil durch Worte ausgedrückt, die von sinnlich wahrnehmbaren Dingen geborgt sind. Die Gründe sind einfach. Von daher vielfältige Fehler.«[582] Worin die hier angesprochenen Fehler liegen könnten, wird zunehmend deutlicher, wenn man weitere Textstellen aus Berkeleys offiziell erschienenen Schriften hinzuzieht. In den *Prinzipien der menschlichen Erkenntnis* schreibt er: »Was die Natur und die Tätigkeiten des Geistes (*mind*) angeht, scheint jedoch nichts so sehr zu Meinungsverschiedenheiten und Mißverständnissen geführt zu haben, wie die Gewohnheit, von diesen Dingen in Ausdrücken zu reden, die der Sprache der sinnlichen Ideen entlehnt sind.«[583] In seiner letzten Schrift – der *Siris* – zieht er daraus die folgende Konsequenz: »All speech concerning the soul is altogether, or for the most part, metaphorical.«[584]

Für einen Philosophen wie Berkeley, der es sich zur Aufgabe gemacht hat, alle Behauptungen an der Erfahrung zu messen und zu überprüfen, kann das zu einem gravierenden Problem werden. In seinen *Prinzipien* schreibt er deshalb: »Wir sind geneigt, all zu großes Gewicht auf Analogien zu legen und zum Schaden der Wahrheit den Forschergeist gewähren zu lassen, wenn es ihn dazu drängt, sein Wissen zu allgemeinen Theorien zu erweitern.«[585]

Worauf Berkeley in dieser Passage hinzuweisen versucht, mag aus heutiger Sicht relativ unspektakulär wirken: Metaphern oder Analogien sind nicht nur rhetorischer Schmuck, sondern zumeist werden mit diesen heuristische Zwecke verbunden. Sie gelten als eine akzeptierte und unausweichliche Grundlage der Theoriebildung in den angewandten Wissenschaften: Unter Zuhilfenahme von Metaphorik lassen sich neuartige Thesen erzielen. So macht es etwa für den Fortschritt der Neurobiologie und Psychologie einen enormen Unterschied ob beispielsweise das Gedächtnis als eine einfache Wachstafel, eine funktionale Kamera oder als ein hochkomplexer Computer behandelt wird. Es lassen sich jeweils unterschiedliche Thesen aus der zum Einsatz kommenden Metaphorik darüber ableiten, wie unser Gedächtnis funktionieren könnte. Douwe Draaisma hat das in einer hierfür einschlägigen Studie – *die Metaphern-Maschine* – treffend aufzeigen können.

Es mag den ein oder anderen Leser verwundern: Auch Berkeley hat nicht von Vornherein ein Problem mit Wissenschaften die Metaphorik zu heuristischen Zwecken einsetzen. Er erachtet deren Vorgehen sogar als hilfreich. Nämlich

---

582 Ebd., 176.
583 George Berkeley, *Prinzipien der menschlichen Erkenntnis*, § 144.
584 George Berkeley, *Works V*, S. 89.
585 George Berkeley, *Prinzipien der menschlichen Erkenntnis*, § 106.

genau dann, wenn sie zur Verbesserung unseres praktischen Lebens beitragen.[586] Zu einem Problem – oder wie Berkeley es formuliert: zu einem »Schaden der Wahrheit« – werden Metaphern oder Analogien immer nur, wenn mit diesen auch ein Anspruch auf Wahrheit verbunden sein soll: Also genau dann, wenn sie als Basis für Existenz- und Tatsachenaussagen in der Philosophie benutzt werden. Und das ist in John Lockes Theorie des Bewusstseins der Fall: In dessen Theorie werden Behauptungen über das Phänomen des Bewusstseins aufgestellt, die mit Wahrheit einhergehen sollen.

Warum also notiert sich Berkeley in seinem *Tagebuch*, dass er sich darüber wundere, dass Locke »in vorgerücktem Alter überhaupt durch einen Nebel (*mist*) sehen (*see*) konnte«? Die Antwort darauf kann nun folgendermaßen ausfallen: Berkeley wundert sich nicht nur, sondern amüsiert sich sogar darüber, dass Locke nicht zu bemerken scheint, dass er im ›Nebel von Metaphorik‹ umhertappt: Obwohl Locke behauptet, dass die Dinge daraufhin zu prüfen seien, »wie sie wirklich sind«[587], wird er seinem eigenen Anspruch nicht gerecht.

Er geht in seiner Theorie des Bewusstseins nicht von der Erfahrung aus, sondern allein von einer modellierenden oder heuristischen Metaphorik. Locke versucht Implikationen des Modells der Camera Obscura als Tatsachenwahrheiten auszugeben. Er benutzt eine Konstruktion, um mit ihr positive Ergebnisse erzielen und vortragen zu können. Auf der Grundlage des Modells der Camera obscura kann er nämlich behaupten, dass ›dort‹ – *im* Bewusstsein – Ideen (*ideas*) von zweierlei Art auftauchen und angeschaut werden können: die der Sinneswahrnehmungen (*sensation*) und die der geistigen Operationen (*reflexion*). Erst das Modell der Camera ermöglicht es Locke, die Frage zu beantworten, was Bewusstsein überhaupt ist – ein innerer Schauplatz – und wie es angeblich wirklich funktioniert – mit Darstellungen (*ideas*). Im Hintergrund von Lockes gesamter Bewusstseinstheorie steht demnach das Modell eines optischen Instruments. Daran wäre insoweit nichts auszusetzen, wenn nicht Locke explizit artikulieren würde, dass seine Behauptungen einzig und allein mittels »Erfahrung und Beobachtung«[588] zu überprüfen seien. Dieser Anspruch ist es, der für empiristische Philosophien jedweder Art gemeinhin als programmatisch erachtet wird. Doch anstatt dem auch in eigener Sache gerecht zu werden, wird in Lockes Theorie der Unterschied von Modell und Phänomen ›eingeebnet‹. Denn: Welche Erfahrungen würden dafür sprechen, dass wir dazu in der Lage sind, zweierlei Arten von Ideen beobachten zu

---

586 George Berkeley, *Drei Dialoge*, S. 2 ff.
587 John Locke, *Versuch über den menschlichen Verstand*, 2. Buch, XI. Kapitel, 15. Absatz.
588 Ebd.

können? Kurzum: In Lockes Bewusstseinstheorie wird ausschließlich von Prämissen ausgegangen, die dem Modell der Camera obscura inhärieren. Die Camera obscura ist für Locke die Grundlage seiner Analogiebildungen.

Das mag in Bezug auf einen Philosophen der der Meinung ist, dass »der beste Wege die Wahrheit zu finden darin bestehe, die Dinge zu prüfen wie sie wirklich sind«[589], absonderlich anmuten. Und das sollte es auch. Denn: Locke lässt jegliche Selbstreflexion bezüglich der Verwendung von heuristischer Metaphorik außer Betracht. Er gibt nicht direkt preis, dass seine Thesen, die er über das Phänomen des Bewusstseins vorträgt, von einer optischen Apparatur herstammen. Man muss es sogar noch viel drastischer formulieren: Obwohl sich auch Locke explizit über die konstitutiven Wirkungen von Metaphorik beklagt, macht er sich diesen Effekt schlussendlich selbst zu nutze.

In seinem *Essay* schreibt er: »Wenn wir indessen von den Dingen, wie sie sind, reden wollen, müssen wir einräumen, daß die gesamte Kunst der Rhetorik, außer Ordnung und Klarheit, die gesamte künstliche und figürliche Anwendung von Worten, wie sie von der Beredsamkeit erfunden worden ist, *zu nichts taugt als falsche Vorstellungen zu insinuieren*, Leidenschaften zu erregen und *dadurch das Urteil irrezuleiten und derart in der Tat vollkommener Betrug sind*; und deswegen sind sie in allen Reden, die zu belehren und unterrichten bestimmt sind, gänzlich zu meiden und können, *wo es um Wahrheit und Wissen geht, nur als große Fehler, sei es der Sprache oder dessen, der Gebrauch von ihr macht, gedacht werden* (Hervorhebungen, M. H.).«[590]

An diesem Punkt ist der Übergang zu George Berkeley zu machen, dessen philosophische Position dem empiristischen Anspruch dagegen radikal gerecht zu werden versucht. Berkeley will einlösen, was Locke trotz seiner Kritik an Metaphorik nicht zu leisten vermag: Nur solcherart Behauptungen anzuerkennen, die sich nicht erst unter Zuhilfenahme von Metaphorik, sondern allein mittels Erfahrung fundieren lassen. Und das ist für Berkeley in Bezug auf das Phänomen des Bewusstseins prinzipiell nicht zu gewährleisten. Im Gegensatz zu seinem Vorläufer Locke hütet sich Berkeley davor, eine positive Antwort auf die Frage zu formulieren, was Bewusstsein (*mind*) wirklich sei. Aus dem einfachen Grund: Er könnte die Frage nur unter Zuhilfenahme von Metaphern beantworten, weil sich das Immaterielle – seinen eigenen Annahmen nach – nur in Begriffen des Physischen beschreiben lässt. Berkeley bezweifelt grundsätzlich, dass wir unabhängig von Konstruktionen oder Modellen beantworten könnten, was Bewusstsein eigentlich ausmacht und

---

589   Ebd.
590   John Locke, *Versuch über den menschlichen Verstand*, 3. Buch, X. Kapitel, 34. Abschnitt. Übersetzung von Anselm Haverkamp, in: *Theorie der Metapher*, S. 416.

wie es tatsächlich funktioniert. Im *Tagebuch* vermerkt er diesbezüglich: »The grand Mistake is that we think we have Ideas of the Operations of our Minds. Certainly this Metaphorical dress is an argument we have not.«[591]

Interessanterweise zieht Berkeley daraus die nötigen Konsequenzen in seinen offiziell erschienenen Schriften. Resolut schreibt er in seinen *Prinzipien*: »There can be no idea of a spirit.«[592] Für Berkeley stellen folglich alle Analyseversuche, die vorgäben die Funktionsweise von Bewusstsein frei von ›Vernebelungseffekten‹ einer metaphorischen Sprache beschreiben und erklären zu können, ein No-Go dar, weil man bei derlei Versuchen nicht über modellbasierte Annahmen hinaus kommen würde.

Der Immaterialismus lässt sich nun aber nicht nur als eine philosophische Unternehmung auffassen, die auf diesen Sachverhalt aufmerksam zu machen versucht, sondern auch als ein Programm zur Veränderung der Einstellung, mit dessen Hilfe die durch eine metaphorische Sprache verursachten ›Vernebelungseffekte‹ aufgelöst werden können. Im *Tagebuch* schreibt Berkeley explizit: »The chief thing I do or pretend to do is onely *to remove the mist or veil of words* (Hervorhebungen, M. H.).«[593] Die Variation davon lässt sich den *Prinzipien* entnehmen: »To clear the First Principles of Know-ledge from the embarras and delusion of words.«[594] Berkeley hat es sich seinem eigenen Anspruch nach zur Aufgabe gemacht, »unbeeinflußt vom trügerischen Wesen der Sprache über die ersten Prinzipien der Erkenntnis *Klarheit* zu gewinnen (Hervorhebung von M. H.)«[595]. Hierfür bedarf es »der völligen Befreiung von der Täuschung durch Wörter«[596]. Es wird also eingefordert, was Lockes Theorie nicht zu leisten vermag: Prinzipiell alle Behauptungen an der eigenen sinnlichen Erfahrung zu messen. Ginge es nach Berkeley, dann hat ein Empirist nicht nur so zu tun, als ob er Erfahrung als fundamentales Beweiskriterium bemüht, sondern generell einzulösen, was ihn per Definitionem überhaupt erst zu einem Empiristen macht: Nichts anzuerkennen, was sich nicht durch und mittels Erfahrung überprüfen lässt. Und das verlangt Berkeley auch von seiner Leserschaft: »Once more I desire my Reader may be upon his guard against the Fallacy of Words.«[597]

Es sind derartige Bemerkungen, die darauf schließen lassen, dass Berkeley eine kritische Reflexion über unseren Sprachgebrauch anzuregen versucht.

---

591 George Berkeley, *Tagebuch*, 176a.
592 George Berkeley, *Works II*, S. 104.
593 George Berkeley, *Tagebuch*, 642.
594 George Berkeley, *Works II*, S. 40.
595 George Berkeley, *Prinzipien der menschlichen Erkenntnis*, Einführung § 25.
596 Ebd. § 23.
597 George Berkeley, *Tagebuch*, 696.

2 DIE KRITIK AM MODELL DER CAMERA OBSCURA 121

Doch das ist noch zu wenig. Werden weitere Textpassagen aus seinem Gesamtwerk hinzugezogen, wird immer deutlicher, dass uns Berkeley im Besonderen für die die mit Metaphorik einhergehenden Konsequenzen in der Philosophie *auf-klären* will: Metaphern und Analogien sind nicht nur ornamentales Beiwerk. Sie sind kein rhetorischer Schmuck, sondern konstitutive Formen. Im Tagebuch schreibt Berkeley diesbezüglich: »Zwei Dinge sind geeignet, *die Menschen bei ihren Schlußfolgerungen durcheinander zu bringen* (Hervorhebungen, M. H.): Wörter die Operationen des Geistes bezeichnen, sind von sinnlichen Vorstellungen hergenommen, Wörter in ihrem gewöhnlichen Gebrauch werden in einer gewissen Breite genommen, ihre Bedeutung ist verworren.«[598] In den *Prinzipien der menschlichen Erkenntnis* ergänzt er in Übereinstimmung dazu: »But, nothing seems more to have contributed towards engaging men in controversies and mistakes with regard to the nature and operations of the mind, than the being used to speak of those things in terms borrowed from sensible ideas. For example, the will is termed the *motion* of the soul: *this infuses a belief* that the mind of men is a ball in motion, impelled and determined by the objects of sense, as necessarily as that is by the stroke of a racket (Hervorhebungen, M. H.).«[599]

Passagen wie etwa diesen sind deutlich zu entnehmen, dass Metaphern für Berkeley nicht ein nur rhetorisches Phänomen darstellen. Metaphorik ist mit konstitutiven und regulativen Folgen für unsere Lebensbewältigung verbunden. Berkeley bezeichnet das als »infuses a belief«. Daraus ist hier die Schlussfolgerung gezogen, dass Metaphern nicht etwa nur textimmanente Redefiguren darstellen, die im Sinne der klassischen – auf Aristoteles zurückgehenden – Definition dafür vorgesehen wären, einen ›Redegegenstand‹ in sinnbildlicher Hinsicht beispielhaft ›vor Augen zu stellen‹ (*pro ommaton poiein*). Vielmehr ist festzuhalten, dass Berkeley der Ansicht ist, dass Metaphorik unser Denken zu steuern vermag: Metaphern tragen laut Berkeley entscheidend dazu bei, »Menschen bei ihren Schlußfolgerungen durcheinander zu bringen«[600].

Das bietet Anlass genug, den Immaterialismus als eine Position aufzufassen, die sich von der traditionellen Metaphernauffassung des Aristoteles verabschiedet hat. Laut Ivor Armstrong Richards »erschien diese als eine auf Verschiebung und Verdrängung von Wörtern beschränkte Angelegenheit«[601]. Das führt Richards noch weiter in seinem 1936 erschienenem Buch *Die*

---

598 George Berkeley, *Tagebuch*, 544.
599 George Berkeley, *Works II*, S. 107.
600 George Berkeley, *Tagebuch*, 544.
601 Ivor Armstrong Richards, *Die Metapher*, in: *Theorie der Metapher*, S. 35.

Metapher aus: »In der Geschichte der Rhetorik wurde die Metapher durchweg als eine Art fröhliche Wortspielerei behandelt, als Gelegenheit, die sich aus der Annpassungsfähigkeit der Wörter ergebenden Zufälle auszubeuten, als eine in manchen Fällen angebrachte und passende, aber ungewöhnlich viel Geschick und Vorsicht erfordernde Angelegenheit. Kurzum, Metaphorik gilt als eine Verschönerung, ein Ornament oder eine zusätzliche Macht der Sprache, nicht als ihre konstitutive Form.«[602]

Das traditionelle oder orthodoxe Metaphern-Verständnis, »wonach Redefiguren bloße Ausschmückungen oder zusätzliche Anmut sind«[603], zieht sich laut Richards noch bis weit in das 18. Jahrhundert hinein. Doch schon für Berkeley gilt das nicht mehr. Er zielt in seinen Bemerkungen und Hinweisen seiner Schriften nicht mehr auf die Besonderheiten einer rhetorischen Figur, sondern nach dem Prinzip der Metapher schlechthin: dem der Übertragung (*metaphorà*). Genau dieses ist es, was nach Richards für ein neuzeitliches Metaphernverständnis kennzeichnend ist: »Die traditionelle Theorie hat nur einige wenige Spielarten der Metapher zur Kenntnis genommen und beschränkte sich bei der Anwendung des Terminus *Metapher* auf ganz wenige Arten. Die Metapher erschien dabei als eine auf Verschiebung und Verdrängung von Wörtern beschränkte Angelegenheit, wogegen sie doch in allererster Linie Austausch und Verkehr von *Gedanken*, eine Transaktion zwischen Kontexten ist.«[604] In neuzeitlichen Metapherntheorien hat sich demnach der Fokus verschoben: Es geht nicht mehr um die inhaltlichen Komponenten – also um ein durch die Metapher angeblich Generiertes oder ›Vor-Augen-Gestelltes‹ – sondern um den Vorgang der Übertragung (*metaphorà*) selbst – um die formalen Aspekte einer Transaktion.

Dieser Meinung schließt sich der Metapherntheoretiker und Blumenberg-Spezialist Anselm Haverkamp an: »An die Stelle des im Bild transportierten ›Gehalts‹ tritt die Technik des sprachlichen Transports; die Metapher als Terminus des Transports ersetzt das Bild als Metapher der ›Gestalt‹ (›Figur‹).«[605] Während in der traditionellen Auffassung der Metapher noch ein ›Vor-Augen-Stellen‹ »die Wirkungsstruktur der Metapher insgesamt erklären«[606] sollte, zielen die neuzeitlichen Metapherntheorien auf die Denk-Bewegung der Übertragung. Gemeint ist damit nicht irgendein ›nebulöser Transport‹ einer bildlichen Vorstellung, sondern allein der bloße Akt des

---

602   Ebd., S. 32.
603   Ebd., S. 39.
604   Ebd., S. 35.
605   Anselm Haverkamp, *Theorie der Metapher*, S. 2.
606   Anselm Haverkamp, *Metapher die Ästhetik in der Rhetorik*, S. 100.

›Transfers‹. In einer gewieften Behauptung Richards ist das auf den Punkt gebracht: »Die Metaphern, die wir meiden, steuern unser Denken ebensosehr wie jene, die wir akzeptieren.«[607]

Zwei Ikonen der neuzeitlichen Metaphernforschung – George Lakoff und Mark Johnson – mag diese Äußerung Richards zur Veröffentlichung ihres inzwischen zum Klassiker gewordenen *Metaphors We Live By* geführt haben. Darin schreiben sie bereits in der Einleitung: »Die Metapher ist für die meisten Menschen ein Mittel der poetischen Imagination und der rhetorischen Geste – also dem Bereich der außergewöhnlichen und nicht der gewöhnlichen Sprache zuzuordnen. Überdies ist es typisch, daß die Metapher für ein rein sprachliches Phänomen gehalten wird – also eine Frage der Worte und nicht des Denkens oder Handelns ist. Aus diesem Grund glauben die meisten Menschen, sehr gut ohne Metaphern auskommen zu können. Wir haben dagegen festgestellt, daß die Metapher unser Alltagsleben durchdringt, und zwar nicht nur unsere Sprache, sondern auch unser Denken und Handeln [...] Die Metapher ist nicht nur eine Frage von Sprache, also von Worten allein.«[608]

In Berkeleys Schriften können Textstellen aufgefunden werden, die deutlich in die von Ivor Armstrong Richards für das neuzeitliche Metaphernverständnis einschlägig formulierte Richtung weisen: Nämlich, dass unser »*Denken* metaphorisch ist und vergleichend verfährt*«[609]. Am offensichtlichsten wird das in einem späteren Werk – dem *Alciphron, or the Minute Philosopher*. In einer kurzen Passage wird darin ein direkter Bezug zum metaphorischen Prinzip der Übertragung (*metaphorà*) hergestellt. Worauf es in dem folgenden Auszug des Dialoges zwischen *Alciphron* und *Euphranor* demnach ankommen wird, ist nicht etwa die von *Alciphron* vorgenommene Metaphorisierung des Menschen als eine »Puppe«, sondern der darauf folgende Kommentar von *Euphranor*, dem sich das Prinzip der Metapher entnehmen lässt – das der Übertragung, des Transports oder des Transfers. *Alciphron* steigt folgendermaßen in den Dialog ein: »Man may, indeed, be fitly compared to an organ: but a puppet is the very thing. You must know that certain particles, issuing forth in right lines from all sensible objects, compose so many rays, or filaments, which drive, draw, and actuate every part of the soul and body of men, just as thread or wires do the joints of that little wooden machine vulgarly called a puppet [...] This admirably accounts for all those operations which we have been taught to ascribe to a thinking principle within us.«[610] Darauf

---

607 Ivor Armstrong Richards, *Die Metapher*, in: *Theorie der Metapher*, S. 33.
608 George Lakoff und Mark Johnson, *Leben in Metaphern*, S. 11 ff.
609 Ivor Armstrong Richards, *Die Metapher*, in: *Theorie der Metapher*, S. 35.
610 George Berkeley, *Works III*, S. 310.

gibt *Euphranor* den entscheidenden Hinweis: »This is an ingenious thought, and *must be of great use in freeing men* from all anxiety about moral notions; as *it transfers the principle of action from the human soul to things outward and foreign* (Hervorhebungen, M. H.).«[611] Wird dieser kurze Auszug eines längeren Dialoges zwischen *Alciphron* und *Euphranor* metatheoretisch gelesen, dann lassen sich diesem zwei für das neuzeitliche Metaphernverständnis zentrale Punkte entnehmen: Zum einen, dass »Metaphern Realität zu strukturieren vermögen«[612]. In den Worten *Euphranors*: »Must be of great use in freeing men from all anxiety.« Andererseits, dass unser Denken transferierend verfährt: »It transfers the principle of action to things outward.«

In einer anderen Schrift aus dem Spätwerk – *The Theory of Vision Vindicated and Explained* – wird Berkeley sogar noch ein wenig deutlicher. In einer winzigen Passage – deren Inhalt aber von Berkeley nicht weiter ausgeführt wird, weil der Fokus der gesamten Abhandlung auf der Verteidigung von Berkeleys *Theorie des Sehens* liegt – wird das Prinzip des Transfers erneut aufgegriffen. Berkeley schreibt: »What we say and judge of the one, we say and judge of the other – transferring our thought.«[613] Das entspricht nun nahezu exakt dem Verständnis der *Metapher* von Ivor Armstrong Richards als einen »Austausch und Verkehr von Gedanken«[614]. Wenn Richards etwa unter Bezugnahme auf die Technik der Transaktion schreibt, »dass wir von einer Sache so reden, als ob sie eine andere wäre«[615], ist das nicht weit von Berkeleys Feststellung entfernt: »What we say and judge of the one, we say and judge of the other.«

Damit soll nun allerdings nicht auch behauptet werden, dass sich im Immaterialismus eine Metapherntheorie ausmachen ließe. Davon ist Berkeleys Unternehmung weit entfernt. Allerdings lässt sich in Berkeley womöglich eine Art Vorläufer des neuzeitlichen Metaphern-Verständnisses finden. Wenn man sich nämlich vergegenwärtigt, dass in Berkeleys Schriften Passagen ausfindig gemacht werden können, in denen die transferierenden Strukturen unseres Denkens direkt thematisiert werden, dann wird möglicherweise verständlicher, was Berkeley in seinem zu Beginn dieses Kapitels aufgegriffenen Tagebucheintrag verschlüsselt haben könnte. Wenn Berkeley schreibt, dass er sich darüber wundere, dass John Locke »in vorgerücktem Alter überhaupt durch einen Nebel (*mist*) sehen (*see*) konnte, der sich so lange angesammelt

---

611 Ebd.
612 George Lakoff und Mark Johnson, *Leben in Metaphern*, S. 167.
613 George Berkeley, *Works I*, S. 267.
614 Ivor Armstrong Richards, *Die Metapher*, in: *Theorie der Metapher*, S. 35.
615 Ebd., S. 41.

2 DIE KRITIK AM MODELL DER CAMERA OBSCURA

hatte und folglich dicht war«[616], dann meint er damit womöglich Lockes Unreflektiertheit in Bezug auf die Anwendung des Prinzips der ›Übertragung‹: Locke wird in seinen »Schlußfolgerungen durcheinander gebracht«[617], weil er nicht bemerkt, dass er in seiner gesamten Theorie des Bewusstseins die impliziten Eigenschaften eines Modells auf das Phänomen des Bewusstseins transferiert. Obwohl sich Locke explizit darüber beklagt, dass Metaphorik in Bereichen des Wissens und der Wahrheit »zu nichts taugt als falsche Vorstellungen zu insinuieren«[618], kommt er nicht nur selbst nicht ohne Metaphorik aus, sondern scheint überhaupt nicht zu bemerken, dass er all seine Thesen über das Phänomen des Bewusstseins erst durch den ›Transport‹ modelltheoretischer Implikationen der Camera obscura auf das Bewusstsein gewinnt. Kurzum: Die Camera obscura bestimmt vollständig die Art und Weise wie Locke über das Phänomen des Bewusstseins denkt und redet. Eine optische Apparatur übernimmt bei Locke – so kann man es unter Zuhilfenahme der Überlegungen Hans Blumenbergs sagen – mehr oder weniger offensichtlich die Funktion der »Sichtlenkung«[619]. Allein die Implikationen des Modells der Camera obscura bestimmen darüber, wie und was über das Phänomen des Bewusstseins gedacht wird. Diesbezüglich würde Ivor Armstrong Richards sagen, dass »das Vehikel (die Camera obscura, M. H) fortlaufend die Art und Weise kontrolliert, wie der Tenor (das Bewusstsein, M. H.) Gestalt annimmt«[620].

Das wäre insoweit nicht problematisch, wenn nicht Locke auch behaupten würde, dass seine Theorie des Bewusstseins mit einem Wahrheitsanspruch einhergeht. Dieser Anspruch aber ist es, den Berkeley für nicht gerechtfertigt halten muss. In seinen *Prinzipien* schreibt er: »Wir sind geneigt, all zu großes Gewicht auf Analogien zu legen und zum Schaden der Wahrheit den Forschergeist gewähren zu lassen, wenn es ihn dazu drängt, sein Wissen zu allgemeinen Theorien zu erweitern.«[621] In einer weniger bekannten Schrift aus seiner mittleren Schaffensperiode – *De Motu* – wird Berkeley noch deutlicher. Kurz und bündig schreibt er: »A philosopher should abstain from metaphor.«[622] Diese Bemerkung ist allerdings mit folgenden Einschränkungen zu lesen: Berkeley behauptet damit nicht auch, dass ein Philosoph gänzlich

---

616   George Berkeley, *Tagebuch*, 567.
617   Ebd., 544.
618   John Locke, *Versuch über den menschlichen Verstand*, 3. Buch, X. Kapitel, 34. Abschnitt. Übersetzung von Anselm Haverkamp, in: *Theorie der Metapher*, S. 416.
619   Hans Blumenberg, *Paradigmen zu einer Metaphorologie*, S. 98.
620   Ivor Armstrong Richards, *Die Metapher*, in: *Theorie der Metapher*, S. 46.
621   George Berkeley, *Prinzipien der menschlichen Erkenntnis*, § 106.
622   George Berkeley, *Works IV*, S. 31.

ohne Metaphern auszukommen vermag. Zu dieser Schlussfolgerung könnte man sich möglicherweise vorschnell hinreißen lassen. Doch Berkeley ist kein Naivling, der uns zu vermitteln versucht, dass man immer strikt zwischen eigentlicher und uneigentlicher Rede trennen könne. Nicht grundlos schreibt er: »Sprache, mehr als wir uns einbilden, metaphorisch.«[623] Auch will er nicht sagen, dass ein Philosoph anstelle von Metaphern mit klaren und deutlichen Begriffen die Wahrheit zu sagen habe. Vielmehr versucht er darauf hinzuweisen, dass Metaphorik in der Philosophie zu meiden ist, wenn sie als Basis für ontologische Aussagen oder Erklärungen benutzt werden soll. Also genau dann, wenn der heuristische Wert von Metaphorik für die Erklärung von Phänomenen missbraucht wird. Oder – so kann man es auch sagen – wenn die durch Metaphorik erzeugte ›Simulation‹ mit Wirklichkeit und Wahrheit gleichgesetzt wird. Also immer dann, wenn es sich anbieten sollte, Metaphorik als eine erklärende Unterstellung für ein Phänomen benutzen zu können, dann sollte ein aufgeklärter Philosoph darauf verzichten.

Daraus ist hier die folgende Schlussfolgerung gezogen: Bereits im Immaterialismus wird eine indirekte Kritik an einer modellierend verfahrenden Philosophie des Bewusstseins (*mind*) formuliert, die Philosophen aufgrund ihrer Unreflektiertheit in Bezug auf die Verwendung von Modellen und sprachlichen Konstruktionen in die Schranken zu weisen versucht. Denn: Wer sich mit dem Phänomen des Bewusstseins in angemessener Weise philosophisch auseinandersetzen will, kommt dabei nicht umhin, die dabei verwendete Sprache unweigerlich mitreflektieren zu müssen. Berkeley spricht zumindest an, was bis heute nicht an Aktualität eingebüßt hat: Wenn beispielsweise Thomas Nagel im Jahr 2012 konstatiert, dass »nur zu leicht der Fehler begangen wird, über das Mentale in Begriffen zu denken, die unseren Ideen von physikalischen Ereignissen und Prozessen entstammen«[624], dann ist das nicht sonderlich weit von einer Feststellung Berkeleys entfernt, die er bereits im 18. Jahrhundert vorgenommen hat: »Nicht-sinnlich wahrnehmbare Dinge und ihre Zustandsbestimmungen, Umstände usw. werden zum größten Teil durch Worte ausgedrückt, die von sinnlich wahrnehmbaren Dingen geborgt sind. Die Gründe sind einfach. Von daher vielfältige Fehler.«[625] Zu einem der Hauptanliegen des Immaterialismus kann deshalb gezählt werden, ein Problembewusstsein für die mit Metaphorik einhergehenden »Fehler« in der Philosophie des Bewusstseins (*philosophy of mind*) zu schaffen. In seinem

---

623 George Berkeley, *Tagebuch*, 176.
624 Thomas Nagel, *Geist und Kosmos*, S. 182.
625 George Berkeley, *Tagebuch*, 176.

gesamten Werk weist Berkeley unermüdlich darauf hin, dass unsere Annahmen über Bewusstsein (*mind*) zumeist erst durch eine metaphorische Sprache zustande kommen. Dabei transferieren wir mehr oder weniger offensichtlich unentwegt vom Physischen auf das Nicht-Physische. Das Problem daran ist, dass das Mentale (*mind*) auf der Basis von Metaphorik geformt und ausgestaltet wird. Das geht bisweilen soweit, dass der Geist (*mind*) zu einer singulären Eigenwelt hypostasiert werden kann: Doch für Berkeley ist eine »Unterscheidung zwischen geistiger und materieller Welt leer«[626].

Schlussendlich will der Immaterialismus dazu verhelfen, die durch Metaphorik verursachten Fehlannahmen in der *philosophy of mind* auf-zu-klären, indem er eine Einstellung auf Seiten seiner Leserschaft zu ›induzieren‹ versucht, die es ermöglichen soll, Konstruktionen als Konstruktionen ersichtlich werden zu lassen. Aus dem folgenden Grund: Um die mit Metaphorik einhergehenden Probleme in der Philosophie in den Fokus rücken zu können, muss man – lapidar gesprochen – erst einmal dazu in der Lage sein, Konstruktionen als Konstruktionen zu durchschauen. Mit Bezug auf Ludwig Wittgenstein lässt sich auch sagen, dass man erst einen ›Blick‹ entwickeln muss, der es einem gestattet, sprachliche ›Bilder‹ als unser Denken zu steuern vermögende ›Bilder‹ zu entlarven: Diese seien nämlich dazu in der Lage, unser Denken in ›Gefangenschaft‹ zu nehmen.[627] Doch nicht erst bei Wittgenstein, sondern bereits bei Berkeley kann eine Form von therapeutischen Philosophieverständnis ausgemacht werden, in dem ein Interesse an der Auflösung von derartigen ›Gefangenschaften‹ gehegt wird: Philosophie hat dazu beizutragen, sich nicht durch Konstruktionen in die Irre führen zu lassen. Sie ist eine Art ›Anleitung‹ zur ›Selbsttherapie‹.

Diesbezüglich schreibt Berkeley: »Alles in allem neige ich zu der Ansicht, daß die weitaus meisten, wenn nicht sämtliche Schwierigkeiten, mit denen die Philosophen ihre Zeit vergeudet und die ihnen den Weg zur Erkenntnis versperrt haben (*blocked up the way*), durchaus von uns selbst verschuldet sind. Zuerst wirbeln wir Staub (*dust*) auf, und dann beklagen wir uns, daß wir nicht sehen (*see*) können.«[628] In Berkeleys Philosophieverständnis geht es zuvorderst darum, sich durch sprachliche Konstruktionen und Modelle nicht einvernehmen zu lassen: »The chief thing I do or pretend to do is onely *to remove the mist or veil of words* (Hervorhebung von M. H.).«[629] Die Variation davon

---

626 Ebd., 538.
627 Ludwig Wittgenstein, *Philosophische Untersuchungen*, 115.
628 George Berkeley, *Prinzipien der menschlichen Erkenntnis*, Einführung § 3.
629 George Berkeley, *Tagebuch*, 642.

lässt sich den *Prinzipien der menschlichen Erkenntnis* entnehmen: »To clear the First Principles of Knowledge from the embarras and delusion of words.«[630]

Die wohl beachtlichste Leistung George Berkeleys besteht darin, dass er uns mit seinem Immaterialismus ein mehr oder weniger brauchbares Programm zur Verfügung stellt, durch dessen selbstständige Anwendung man sich zu jeder Zeit von jedweder Art verbaler Konstruktion befreien kann.

---

630 George Berkeley, *Works II*, S. 40.

Literaturverzeichnis

Schriften von George Berkeley

Die Theorie des Sehens oder der visuellen Sprache verteidigt und erklärt. Übers. und hrsg. von Wolfgang Breidert, Hamburg: Felix Meiner, 1979.
Drei Dialoge zwischen Hylas und Philonous. Übers. von Raoul Richter in der Bearbeitung von Arend Kulenkampff, hrsg. von Wolfgang Breidert, Hamburg: Felix Meiner, 2005.
Eine Abhandlung über die Prinzipien der menschlichen Erkenntnis. Übers. und hrsg. von Arend Kulenkampff, Hamburg: Felix Meiner, 2004.
Philosophisches Tagebuch. Übers. und hrsg. von Wolfgang Breidert, Hamburg: Felix Meiner, 1979.
The Works of George Berkeley Bishop of Cloyne. Hrsg. von A. A. Luce und T. E. Jessop, London: Thomas Nelson, 1948-57.
Versuch über eine neue Theorie des Sehens. Übers. und hrsg. von Wolfgang Breidert, Hamburg: Felix Meiner, 1979.

Schriften von Hans Blumenberg

Ästhetische und metaphorologische Schriften. Frankfurt am Main: Suhrkamp, 2001.
Begriffe in Geschichten. Frankfurt am Main: Suhrkamp, 1998.
Die Lesbarkeit der Welt. Frankfurt am Main: Suhrkamp, 1981.
Höhlenausgänge. Frankfurt am Main: Suhrkamp, 2016.
Paradigmen zu einer Metaphorologie. Frankfurt am Main: Suhrkamp, 2013.
Schiffbruch mit Zuschauer. Frankfurt am Main: Suhrkamp, 2012.
Theorie der Unbegrifflichkeit. Frankfurt am Main: Suhrkamp, 2007.

Literatur

Airaksinen, Timo; Belfrage, Bertil (Hrsg.): *Berkeley's Lasting Legacy 300 Years Later.* Cambridge Scholars Publishing, 2011.
Beardsley, William: *Berkeley on Spirit and its unity.* In: *History of Philosophy Quarterly* Volume 18 Number 3 July 2001, S. 259-275.
Bergson, Henri: *Denken und schöpferisches Werden.* Hamburg: Europäische Verlagsanstalt, 1993.
Bloch, Ernst: *Leipziger Vorlesungen zur Geschichte der Philosophie. 1950-1956.* Frankfurt am Main: Suhrkamp, 1985.

Bödeker, Hans Erich (Hrsg.): *Begriffsgeschichte, Diskursgeschichte, Metapherngeschichte*. Göttingen: Wallstein, 2002.

Böhme, Gernot: *Bewusstseinsformen*. München: Wilhelm Fink, 2014.

Böhme, Hartmut: *Das Licht als Medium der Kunst*. In: Schwarz, Michael (Hrsg.): *Licht, Farbe, Raum. Künstlerisch-wissenschaftliches Symposium*. Braunschweig 1997, S. 111-137.

Boswell, James: *The life of Samuel Johnson*. Volume 1. London: Everyman's Library J. M. Dent, 1910.

Bradatan, Costica: *The Other Bishop Berkeley. An Exercise in Reenchantment*. New York: Fordham University Press, 2006.

Coccia, Emanuele: *Die Wurzeln der Welt. Eine Philosophie der Pflanzen*. München: Carl Hanser, 2018.

Crary, Jonathan: *Techniken des Betrachters. Sehen und Moderne im 19. Jahrhundert*. Dresden; Basel: Verlag der Kunst, 1996.

Daniel, Stephen: *How Berkeley's Works Are Interpreted*. In: Parigi, Silvia (Hrsg.): *George Berkeley. Religion and Science in the Age of Enlightenment*. Berlin: Springer, 2011.

Daniel, Stephen (Hrsg.): *New Interpretations of Berkeley's Thought*. New York: Humanity Books, 2008.

Defoe, Daniel: *The Consolidator. or, Memoirs of sundry transactions from the world in the moon*. London, 1705.

Descartes, René: *Abhandlung über die Methode des richtigen Vernunftgebrauchs und der wissenschaftlichen Wahrheitsforschung*. Stuttgart: Reclam, 1977.

Descartes, René: *Die Welt oder Abhandlung über das Licht*. Berlin: Akademie-Verlag, 1989.

Descartes, René: *Dioptrik*. In: *Descartes Dioptrik. Monografien zur Naturphilosophie*. Meisenheim a. Glan: Hain, 1954.

Descartes, René: *Meditationen über die Grundlagen der Philosophie*. Hamburg: Felix Meiner, 1972.

Descartes, René: *Regeln zur Ausrichtung der Erkenntniskraft*. Hamburg: Felix Meiner, 1979.

Derrida, Jacques: *Die Stimme und das Phänomen*. Frankfurt am Main: Suhrkamp, 2003.

Diderot, Denis: *Enzyklopädie. Philosophische und politische Texte aus der Encyclopédie*. München: Deutscher Taschenbuchverlag, 1969.

Draaisma, Douwe: *Die Metaphernmaschine. Eine Geschichte des Gedächtnisses*. Darmstadt: Primus, 1999.

Gabriel, Gottfried: *Zwischen Logik und Literatur*. Stuttgart: Metzler, 1991.

Gabriel, Gottfried; Schildknecht, Christiane (Hrsg.): *Literarische Formen der Philosophie*. Stuttgart: Metzler, 1990.

Haverkamp, Anselm: *Metapher. Die Ästhetik in der Rhetorik.* München: Wilhelm Fink, 2007.

Haverkamp, Anselm; Mende, Dirk (Hrsg.): *Metaphorologie.* Frankfurt am Main: Suhrkamp, 2009.

Haverkamp, Anselm (Hrsg.): *Theorie der Metapher.* Darmstadt: Wissenschaftliche Buchgesellschaft, 1996.

Hight, Marc; Ott, Walter: *The New Berkeley.* In: *Canadian Journal of Philosophy* Volume 34 Number 1 March 2004, S. 1-24.

Husserl, Edmund: *Cartesianische Meditationen.* Hamburg: Felix Meiner, 2012.

Kant, Immanuel: *Kritik der reinen Vernunft.* Hamburg: Felix Meiner, 2003.

Kafka, Franz: *Beim Bau der Chinesischen Mauer. Prosa und Betrachtungen aus dem Nachlaß.* Leipzig: Gustav Kiepenheuer, 1931.

Kemmerling, Andreas: *Ideen des Ichs. Studien zu Descartes Philosophie.* Frankfurt am Main: Klostermann, 2005.

Kenny, Anthony: *Descartes on Ideas.* In: Doney, Willis (Hrsg.): *Descartes. A Collection of Critical Essays.* New York: Garden City, 1967.

Konersman, Ralf (Hrsg.): *Wörterbuch der philosophischen Metaphern.* Darmstadt: Wissenschaftliche Buchgesellschaft, 2011.

Lacan, Jacques: *Die vier Grundbegriffe der Psychoanalyse.* In: *Das Seminar von Jacques Lacan.* Buch 11. Weinheim: Quadriga, 1987.

Lakoff, George; Johnson, Mark: *Leben in Metaphern. Konstruktion und Gebrauch von Sprachbildern.* Heidelberg: Carl-Auer, 2014.

Lévi-Strauss, Claude: *Die eifersüchtige Töpferin.* Nördlingen: Franz Greno, 1987.

Lichtenberg, Georg Christoph: *Sudelbücher.* In: Promies, Wolfgang (Hrsg.): *Werke und Briefe.* Band 2. München: Hanser, 1975.

Locke, John: *An Essay Concerning Human Understanding.* Oxford: Clarendon Press, 1894.

Locke, John: *Versuch über den menschlichen Verstand.* Hamburg: Felix Meiner, 2000.

Lyotard, Jean-François: *Das Inhumane.* Wien: Passagen, 2006.

Malebranche, Nicolas: *Von der Erforschung der Wahrheit. Erstes Buch.* München: Müller, 1920.

Merleau-Ponty, Maurice: *Die Natur.* München: Wilhelm Fink, 2000.

Murphy, Jeffrie: *Berkeley and the Metaphor of Mental Substance.* In: *Ratio.* Vol. VII No. 2. December 1965, S. 170-179.

Nagel, Thomas: *Geist und Kosmos.* Frankfurt am Main: Suhrkamp, 2014.

Naumann, Manfred (Hrsg.): *Artikel aus Diderots Enzyklopädie.* Leipzig: Reclam, 1972.

Platon: *Politeia.* Stuttgart: Reclam, 1982.

Ricœur, Paul: *Der Konflikt der Interpretationen.* Freiburg: Alber, 2010.

Rorty, Richard: *Der Spiegel der Natur. Eine Kritik der Philosophie.* Frankfurt am Main: Suhrkamp, 2017.

Ryle, Gilbert: *Der Begriff des Geistes.* Stuttgart: Reclam, 1969.

Saporiti, Katia: *Die Wirklichkeit der Dinge. Eine Untersuchung des Begriffs der Idee in der Philosophie George Berkeleys.* Frankfurt am Main: Vittorio Klostermann, 2006.

Saporiti, Katia: *Weshalb die Welt so ist, wie wir sie sehen.* In: Perler, Dominik; Wild, Markus (Hrsg.): *Sehen und Begreifen.* Berlin: De Gruyter, 2008.

Schmidt, Andreas: *Göttliche Gedanken. Zur Metaphysik der Erkenntnis bei Descartes, Malebranche, Spinoza und Leibniz.* Frankfurt am Main: Vittorio Klostermann, 2009.

Sloterdijk, Peter: *Der ästhetische Imperativ. Schriften zur Kunst.* Frankfurt am Main: Suhrkamp, 2014.

Taylor, Charles: *Sources Of The Self. The Making of the Modern Identity.* Harvard University Press, 1989.

Turbayne, Collin: *Berkeley's Two Concepts of Mind.* In: *Philosophy and Phenomenological Research.* 1959, S. 85-92.

Walmsley, Peter: *The Rhetoric of Berkele's Philosophy.* Cambridge University Press, 1990.

Wetz, Franz Josef; Timm, Hermann (Hrsg.): *Die Kunst des Überlebens. Nachdenken über Hans Blumenberg.* Frankfurt am Main: Suhrkamp, 1999.

Whitehead, Alfred North: *Der Begriff der Natur.* Weinheim: VCH Acta Humaniora, 1990.

Whitehead, Alfred North: *The Concept of Nature.* Cambridge University Press, 1920.

Wiesing, Lambert: Einleitung. In: Wiesing, Lambert (Hrsg.): *Philosophie der Wahrnehmung. Modelle und Reflexionen.* Frankfurt am Main: Suhrkamp, 2002.

Wittgenstein, Ludwig: *Philosophische Untersuchungen.* In: *Schriften Band 1.* Frankfurt am Main: Suhrkamp, 1960.

Wittgenstein, Ludwig: *Tractatus logico-philosophicus.* In: *Schriften Band 1.* Frankfurt am Main: Suhrkamp, 1960.